Petites anecdotes insolites de l'Histoire de France

Henri Pigaillem

City
Document

À Claude.

ISBN : 978-2-35288-453-8
Code Hachette : 50 7756 5

Rayon : Document / Histoire
Photo de couverture : Tentative d'assassinat sur le premier ministre Aristide Briand à la Chambre des députés.
Illustration du *Le Petit Journal* © Stefano Bianchetti/Corbis
Collection dirigée par Christian English & Frédéric Thibaud
Mise en pages : DeckeConcept

Catalogues et manuscrits : www.city-editions.com

Dépôt légal : deuxième semestre 2010
Imprimé en France par France Quercy - Mercuès - N° 01369/

18 novembre 1095

Philippe Ier est excommunié pour avoir enlevé sa maîtresse

En début d'année 1092, venant à Tours pour s'entendre avec le comte d'Anjou au sujet d'intérêts communs, le roi Philippe Ier se prit de passion pour Bertrade de Montfort, épouse de Foulques IV le Réchin, et lui rendit des hommages auxquels celle-ci ne fut pas insensible. Lassé de sa femme Berthe de Hollande, il la relégua au château de Montreuil et l'y retint prisonnière. Puis en mai, il enleva Bertrade, avec la complicité de la jeune femme, qui faussa compagnie à sa suite.

Ils envisagèrent de se marier. Le roi fit valoir auprès de l'archevêque de Reims le degré de parenté existant entre lui et son épouse Berthe de Hollande. S'il obtint la séparation, ce fut contre l'avis d'une partie du clergé dirigée par l'évêque Yves de Chartres, qui, informé de son futur mariage, lui fit regarder celui-ci comme incestueux. Bertrade était en effet parente de Philippe du cinquième au sixième degré.

À la veille de leurs épousailles, les deux amants ne trouvèrent aucun prélat qui osât leur donner la bénédiction nuptiale. Philippe parvint à gagner par quelques présents la complaisance de l'évêque de Bayeux, Eudes, frère de Guillaume le Conquérant. En octobre 1092, Bertrade et le roi furent ainsi mariés. Dès lors, Philippe Ier devint la cible commune de Foulques et d'Yves de Chartres. Le comte d'Anjou protesta que sa femme lui avait été ravie, l'évêque déclara que Bertrade était « une autre Jézabel désirant renverser les autels et tuer les prophètes » et en référa au Saint-Siège. Pendant deux ans, il dirigea de constantes attaques contre le couple royal. Le 18 novembre 1095, le concile de Clermont prononça l'excommunication des deux souverains. Afin d'assouplir la situation, Urbain II promit à Philippe de lever la mesure de son légat s'il renonçait à Bertrade. Le roi s'y engagea.

Cependant, Bertrade, désireuse de conserver sa place de reine, décida de lutter jusqu'au bout contre les foudres de l'Église. Elle profita d'abord de la réconciliation de son époux avec le Saint-Père pour faire donner l'évêché de Paris à son frère, Guillaume de Montfort. Puis elle usa d'adresse pour s'unir à nouveau au roi, en 1097, au mépris de l'engagement solennel pris par celui-ci. Rome jeta alors l'interdit sur le royaume de France, et jusqu'en 1104, enchaîna les censures et les absolutions selon la conduite et les promesses de Philippe. Bertrade fut sommée de s'éloigner de son mari. En 1104, une réunion d'évêques à Beaugency décida de lui envoyer Lambert, évêque d'Arras, pour exiger son serment de renoncer au roi. En décembre, l'excommunication fut levée mais on ne toléra la réunion des deux époux qu'à condition qu'ils s'abstiennent de toute relation charnelle.

Vers la fin de sa vie, choisissant, en raison de ses fautes, de ne pas être inhumé à côté de ses ancêtres à la basilique de Saint-Denis, Philippe Ier obtint la faveur d'être inhumé à l'abbaye de Fleury, auprès de saint Benoît, « le pieux père qui accueille avec bienveillance les pécheurs qui veulent se repentir et se réconcilier avec Dieu, selon la discipline de sa Règle. »

Quelques jours après sa mort, le 30 juillet 1108, on fit secrètement transporter sa dépouille à Fleury. En 1112, le frère de Bertrade, Amaury III de Montfort, fonda pour elle le monastère des Hautes-Bruyères, dans le diocèse de Chartres, près de Montfort. La veuve de Philippe Ier, répondant à l'invitation de Louis VI, s'y retira en 1115 et prit le voile en 1117.

13 janvier 1128

L'ordre des Templiers reconnu... par le pape

Créé en 1119 en Terre sainte sur l'initiative du chevalier champenois Hugues de Payns, ce ne fut qu'en 1128, le 13 janvier, que l'ordre des Templiers fut reconnu par le concile de Troyes, présidé par le pape

Honorius II. Les chevaliers demeuraient alors dans l'ancien temple de Salomon. C'est ce temple qui leur donna le nom de Templiers. Ils étaient chargés d'assurer la garde des Lieux saints de Palestine et de prendre sous leur protection les pèlerins venus en Terre sainte. Deux siècles plus tard, les princes leur reprochèrent leur fortune accumulée au fil des décennies, à une époque où leur puissance ne cessait de croître. En octobre 1307, Philippe IV le Bel finit par les faire emprisonner, alléguant toutes sortes d'accusations incertaines. Après sept ans de détention à la prison du Châtelet, à Paris, leur maître, Jacques de Molay, périt sur le bûcher le 18 mars 1314. Au milieu des flammes, il lança cette célèbre malédiction : « Pape Clément ! Roi Philippe ! Avant un an, je vous cite à paraître au tribunal de Dieu pour y recevoir votre juste châtiment ! Maudits ! Maudits ! Tous maudits jusqu'à la treizième génération de vos races ! » Malédiction qui n'est peut-être qu'une légende.

11 juin 1144

La basilique Saint-Denis est consacrée

Le premier évêque de Paris, Saint-Denis, fut décapité vers 250 par les Romains pour avoir évangélisé la Gaule.

La tradition veut qu'il soit parti de Montmartre, lieu de son martyr, pour accomplir quarante lieues en tenant sa tête. Il s'effondra dans le petit bourg de Catolacus. Sur l'emplacement du cimetière où il fut inhumé, sainte Geneviève, au Ve siècle, fit élever une église abbatiale, à laquelle Charlemagne, en 775, ajouta une crypte. En 1143, l'abbé Suger décida de faire reconstruire le chœur de l'abbaye. Il voulut plus de hauteur à la voûte et plus de luminosité à l'intérieur de l'édifice. Il imposa aux architectes une voûte en croisée d'ogives, qui devait marquer la naissance d'un nouveau style architectural : l'art gothique. La lumière du jour s'insinua désormais le long des colonnettes pour se répandre majestueusement dans la nef. Lorsque le 11 juin 1144, Suger, en présence du roi Louis VII, célébra solennellement la consécration du chœur de la basilique, il put évoquer cette « lumière vraie qui mène à la Vraie Lumière ». Nécropole royale depuis l'avènement des Capétiens en 987, la basilique Saint-Denis accueillit les dépouilles des souverains jusqu'au XIXe siècle.

5 novembre 1193

Les malheurs d'Ingeburge

Fille de Waldemar Ier, Ingeburge de Danemark venait d'épouser le roi de France Philippe Auguste. Le jour où elle devait se faire sacrer, le souverain envisagea sou-

dain de la répudier, affirmant : « Cette femme est ensorcelée, elle a fait de moi un impuissant. Il faut qu'elle retourne au Danemark. » Ingeburge ne parlait pas un mot de français et, à partir de ce moment, on se garda bien de parler en latin devant elle. Ainsi ne sut-elle pas la raison pour laquelle, le 5 novembre 1193, on l'emmena assister à Compiègne à une assemblée d'ecclésiastiques présidée par le cardinal de Champagne. Elle ne sut pas davantage ce que l'on y disait. À la fin de la séance, elle réclama un interprète, qui lui fit part de la sentence de répudiation. Elle s'écria alors : « Mala Francia ! Roma ! Roma ! » (Mauvaise France ! Rome ! Rome !) Ces seuls mots, signifiant qu'elle en appelait au pape, furent dits avec tant de furie et de menace dans la voix, que le roi craignit un scandale. Ingeburge écrivit à Célestin III : « Je tourne les yeux vers vous, Saint-Père. Je meurs chaque jour pour garder entièrement le droit au mariage. Si mon seigneur Philippe, célèbre roi des Français, trompé par les ruses du diable, voulait encore une fois plaider sa cause contre moi, je désirerais être conduite dans un endroit où je puisse m'expliquer librement et, remise en liberté, obtenir Votre Miséricorde apostolique d'être relevée des déclarations qui auraient pu m'être arrachées par la contrainte. »

À la suite de quoi, le 13 mars 1195, la sentence de divorce fut cassée. Philippe Auguste s'en prit vertement au cardinal de Champagne : « Il est donc vrai que cette sentence de divorce a été annulée par le Saint-Siège ?

Vous qui l'avez prononcée, vous ne saviez donc pas ce que vous faisiez ? » On n'entendit plus parler du prélat.

18 juin 1204

Quand la Normandie redevient française

En 1200, Jean sans Terre, roi d'Angleterre et duc d'Aquitaine, enleva Isabelle d'Angoulême, fille unique d'Aymar Taillefer, comte d'Angoulême, alors fiancée à Hugues X de Lusignan. Ce dernier demanda justice au roi de France Philippe Auguste, qui le somma de comparaître devant lui pour répondre de sa conduite. Mais Jean sans Terre n'ayant pas répondu à la convocation comme l'exigeait le droit féodal, Philippe Auguste, en 1202, le condamna à la confiscation de ses fiefs en France. Non seulement le roi d'Angleterre ne fit aucun cas de ce qui avait été requis contre lui, mais il assassina même Arthur de Bretagne, envoyé pour se saisir de lui. En août 1203, agissant en maître de son royaume, Philippe Auguste prit alors les armes pour appliquer la sentence et décida de reconquérir les fiefs français de son vassal. Il enleva l'île d'Andely et sa forteresse, le château du Vaudreuil puis celui de Radepont, avant de mettre le siège devant le fort que Richard Cœur de Lion avait fait construire dans le Vexin normand en 1196 : Château-Gaillard. Il l'entoura d'un double fossé de circonvallation qu'il hérissa de 14 beffrois et entama un blocus pour entraver tout ravitaillement aux assiégés. Après cinq mois, le 6 mai 1204, Château-Gaillard capitula, affaiblissant considérablement les positions de Jean sans Terre. La victoire de Philippe Auguste lui ouvrit les portes du duché de Normandie, qui tomba le 18 juin. La Normandie redevenait française.

Vers 1208

L'enfant caché de Philippe Auguste

Philippe Auguste rencontra une certaine « bourgeoise d'Arras » vers 1205, au lendemain de la mort de son épouse Agnès de Méranie, et à l'époque où les juges ecclésiastiques devaient se prononcer sur sa demande d'annulation de son mariage avec Ingeburge.

De cette liaison extraconjugale naquit un fils, vers 1208, que le roi reconnut et prénomma

Pierre Charlot, manière de rappeler la constante volonté des Capétiens de devenir empereurs, à l'image de Charlemagne.

Élevé à la cour, Pierre Charlot, légitimé par le pape Honoré III, eut pour précepteur le prêtre Guillaume le Breton, qui lui dédia le célèbre et long poème *La Philippide*, succession de chants : « Et toi, pour qui mon amour s'accroît à toute heure, en sorte que j'estime qu'il ne m'est pas permis de terminer cet ouvrage sans célébrer encore tes louanges, en qui la noblesse du cœur est la preuve de ton illustre origine, afin qu'il soit bien évident que tu es fils de ton père Philippe, toi, qui bien lavé de toute carie (*Carie Lotus* : jeu de mots sur *Carlotus*, Charlot), chéri en toute charité, véritablement digne de porter le surnom de Charlot, et qui, embellissant ton nom propre d'un surnom véridique, justifies l'un et l'autre de ces noms par tes vertus et par ta vie, toi à qui j'ai donné les premiers enseignements de l'enfance, et dont les heureuses dispositions secondent si bien la facile intelligence, que déjà tu pourrais passer pour mon maître, quoique tu sois à peine arrivé à ta quinzième année, Pierre, tends la main à celui qui accourt vers toi, qui se rattache à toi par ses espérances ; accueille son écrit d'un regard favorable, et rends-le tout aussitôt digne d'être lu, à l'aide de la force d'esprit que t'ont donnée la nature et l'étude. »

Pierre Charlot devint trésorier de l'église de Tours dès 1216, puis, en 1240, par dispense de Rome et grâce à l'insistance de son neveu Louis IX (Saint Louis), fils de Louis VIII, fut nommé évêque de Noyon.

Il mourut le 9 octobre 1249, sans postérité, dans le naufrage de son navire, sur les côtes de Damiette.

Novembre 1215

Le concile de Latran impose déjà un insigne jaune aux Juifs

Propagandiste obstiné de la République chrétienne et universelle, le pape Innocent III ouvrit le quatrième concile de Latran le 11 novembre 1215.

En marge des mesures et des sanctions prises contre les hérétiques vaudois et cathares, le pape insista sur sa volonté de faciliter la distinction entre les chrétiens et les Juifs. Les deux cents prélats présents approuvèrent ainsi le port obligatoire de vêtements différents pour chaque communauté religieuse.

Un décret fut en outre publié, chargeant les responsables régionaux de choisir un signe distinctif pour les Juifs.

En France, la ville d'Arles fut la première à imposer à ces derniers ce qu'elle nommait le « capéou » et le « petassoun ». Le premier était un chapeau porté par les hommes, le second un insigne cousu sur la coiffe des femmes.

Ils étaient de couleur jaune, par allusion à la robe ordinairement jaune de Judas qui trahit autrefois Jésus, et frappés d'une pastille noire.

Cette marque discriminatoire se répandit dans tout le pays. Quelques années après le concile de Latran, les Juifs de France la remplacèrent par la rouelle, imposée en Allemagne, simple étoffe circulaire de couleur jaune et symbolisant les 30 deniers de Judas.

Les plus riches mirent tout en œuvre pour ne pas porter cette marque infamante et parvinrent à acheter des dispenses aux autorités. Des médecins, des savants, des financiers se firent ainsi exempter du port de l'insigne.

En 1269, lorsqu'on découvrit que certains juifs la dissimulaient dans les plis de leurs manteaux, Louis IX ordonna le port de deux signes jaunes plus larges et bien apparents, l'un dans le dos, l'autre sur la poitrine. Cette décision s'appliquait aux hommes et aux femmes, âgés respectivement de plus de treize et onze ans. Tout contrevenant était exposé à de lourdes peines.

Les mesures contre les Juifs ne sont pas nées avec l'Église, les Musulmans les ayant appliquées pendant longtemps, mais le concile du Latran les avait mises à l'ordre du jour, incluant les Juifs dans son hostilité aux hérétiques, multipliant les actes discriminatoires contre leur communauté, prétendument prospère et jalousée.

Décembre 1216

Enterrées vivantes !

À Paris, la fin de l'année 1216 fut marquée par un fait divers surprenant. Un soir de décembre, trois ha-

bitantes du lieu-dit les *Champeaux*, Margue, femme d'Adam de Gouesse, Maroie, sa nièce, et dame Tifaigne, couturière, passèrent plusieurs heures chez Ernout des Maillez, tavernier de la rue des Noyers, connu pour la qualité de son vin. Margue savoura une oie bien grasse et une pleine écuelle d'ail, Maroie réclama du grenache, des gaufres, du fromage, des amandes pelées, des épices, des noix. Les pichets de vin s'accumulèrent sur leur table. Lorsque la nuit fut très avancée, les trois femmes sortirent danser dans la rue. Mais comme elles n'avaient pas réglé leur repas, il leur fallut laisser leurs vêtements en gage. Elles se retrouvèrent entièrement nues, ivres mortes en plein froid.

Le lendemain matin, leurs corps dépouillés et glacés furent découverts gisant dans la boue et portés au cimetière des Innocents.

Au moment de les ensevelir, Maroie, reprenant connaissance, bredouilla, à la grande surprise des fossoyeurs : « À boire, encore à boire », que reprirent en chœur ses deux compagnes. Les trois ivrognes furent ranimées et ramenées chez leurs maris respectifs.

L'histoire du cimetière des Innocents comporte de nombreux faits divers semblables. À une époque où les épidémies étaient très répandues, on s'empressait de mettre en terre tous les morts trouvés sur la voie publique. Les plus modestes étaient inhumés dans des fosses qui restaient ouvertes jusqu'à ce qu'elles soient pleines, tandis que l'on dressait des monuments funéraires aux plus aisés. L'ébriété avancée des trois femmes des *Champeaux* les avait fait passer pour mortes, mais, en outre, leur nudité n'avait à aucun moment laissé envisager qu'elles appartenaient à la classe bourgeoise de Paris.

1228

La Merveille du Mont-Saint-Michel, œuvre de Satan ?

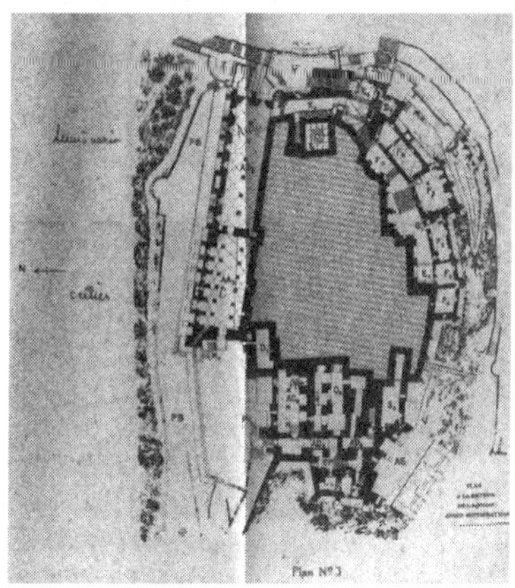

Les noms de Jourdain, Radulphe des Îles, Raoul de Villedieu, Robert Jolivet, Jehan Gonault resteront pour des siècles attachés à ce formidable morceau d'architecture français, cette Merveille bâtie à la gloire de saint Michel. Le Mont-Saint-Michel, alors appelé le mont Tombe, servit d'abord d'asile et de sanctuaire à la science. Réfugiés dans la forêt qui couvrait autrefois les rivages conquis aujourd'hui par la mer, des ermites se livrèrent longtemps à l'étude des lettres divines et profanes.

Lorsque la collégiale de saint Aubert fut substituée à l'ermitage, de grands projets de travaux prirent naissance dans l'esprit des chanoines qui se succédèrent. C'est ainsi qu'en 1228, après vingt-cinq ans d'ouvrages, la Merveille du Mont-Saint-Michel fut achevée. La situation de ce corps de bâtiment élevé à flanc de rocher et la difficulté que constituait l'accumulation d'étages faisaient de cette œuvre l'une des grandes réussites architecturales du XIIIe siècle.

Elle regroupait des locaux de vie conventuelle, disposés sur trois niveaux, une aumônerie où l'on recevait les pèlerins, un réfectoire et un cloître au niveau de l'église. L'un des chefs-d'œuvre de l'ensemble était la *salle des Hôtes*, véritable vaisseau à deux nefs, d'une rare élégance, décorée de carrelage de terre cuite émaillée. Le cloître, quant à lui formé de colonnettes aux chapiteaux sculptés, s'appuyait sur la *salle des Chevaliers*, tendue de tapisseries et ornée de fresques.

Parmi les premiers pèlerins se rencontraient déjà quelques femmes exaltées qui affirmaient voir Satan au milieu de cette Merveille de l'Occident. La chronique raconte qu'une « vieille femme fut si effrayée en l'apercevant pour la première fois qu'elle revint après l'office et, munie d'un bâton, se mit en devoir de briser les cornes du démon. Par bonheur, le sacristain désarma la vieille et lui dit, pour l'apaiser, que l'archange faisait bien son office tout seul. »

Comme de nos jours, les marées de la baie étaient d'une amplitude de près de treize mètres les jours de fort coefficient. C'est sur une dizaine de kilomètres que la mer se retirait et revenait à grande vitesse, ce qui faisait dire « qu'elle revient à la vitesse d'un cheval au galop ». En fait, elle est plus proche de la vitesse d'un homme qui marche, elle engloutissait beaucoup d'imprudents et de ceux qui n'accordaient aucun crédit à ce dicton.

16 mars 1244

La capitulation des Cathares de Montségur

Une communauté de Cathares s'installa à Montségur au début du XIIIe siècle et reconstruisit le château fort élevé autrefois entre les roches pyrénéennes. Condamnés par l'Église, ces hérétiques furent aidés par une grande partie de la population. Leur austérité morale contrastait avec l'opulence et le relâchement du clergé catholique. En 1232, ils ne furent plus qu'une poignée à vivre retranchés dans cette forteresse inexpugnable de par sa hauteur, mais Montségur était toujours leur capitale religieuse. En 1243, le concile de Béziers décida d'en finir avec eux, d'autant que le château était le repaire des assassins de plusieurs moines inquisiteurs. Le sénéchal de Carcassonne, Hugues des Arcis, accompagné d'une armée de chevaliers, mit le siège au pied du rocher. Ravitaillés secrètement par leurs partisans, les assiégés espéraient lasser leurs adversaires. Mais après dix mois, l'armée prit le contrôle de la montagne. Sentant la partie perdue, les habitants du château aidèrent quelques hommes à s'évader et enterrèrent tous leurs trésors.

En mars 1244, Roger de Mirepoix tenta une sortie qui devait lui être fatale : les hérétiques furent repoussés et jetés en bas des falaises, tandis que les Croisés prenaient pied sur la plate-forme de la citadelle.

Le lendemain, les derniers Cathares demandèrent à négocier. Il leur fut donné quinze jours de délai au terme desquels ils devaient abjurer ou mourir.

Sachant leurs derniers jours venus, ils occupèrent cette trêve à fêter une dernière fois leurs Pâques et à recevoir le *consolamentum*. Le 16 mars au matin, les Croisés préparèrent un immense bûcher et, en quelques heures, deux cents hérétiques périrent dans les flammes. Avec leur martyre s'achevait la croisade contre les Albigeois.

6 avril 1250

Saint Louis est fait prisonnier

La prise de Damiette, l'année précédente, exhorta l'armée de Saint Louis à poursuivre le chemin de la VIIe croisade. Le 6 avril, alors qu'elle était en partie décimée par la peste, elle rencontra l'armée des musulmans près de Mansourah. Sa cavalerie perdit à elle seule

10 000 hommes, et plus de 100 000 prisonniers restèrent aux mains des musulmans, qui pillèrent le butin. Le roi de France, entouré de ses gentilshommes, se retira sur une colline du bourg d'Abou-Abdallah, nommée depuis *la Colline du Salut*. Le chef de l'armée ennemie, Gamal-ed-Dyne, les fit cerner. « Sentant qu'il fallait vaincre à tout prix, dit la chronique, les paladins tentaient des efforts désespérés pour briser le cercle de fer qui les enserrait ; chevauchées folles, qui se perdaient dans le flot musulman. Cent fois, devant eux, le front des infidèles oscilla, puis s'entrouvrit mais pour se refermer, sans cesse grossi par des renforts venus de Karak, de Joppé et d'Hémesse. »

Affaiblis par la maladie, ils se rendirent sans résistance. Le roi et son frère Charles d'Anjou furent conduits à Mansourah, où Saint Louis demeura prisonnier. Pour retrouver sa liberté, il dut verser une rançon de 400 000 livres au sultan Turanshâh et lui rendre Damiette. Le 6 mai, il repartit libre avec son armée. A

près six ans de croisade, il fit son entrée à Paris le 7 septembre 1254.

23 mars 1268

Sorbon crée la Sorbonne

Bien qu'étant issu d'une famille de petite extraction, Robert de Sorbon, qui tenait son nom de son village natal du Rethélois, fit des études à Paris et fut brillamment reçu docteur en théologie.

Devenu chanoine de Cambrai, il se distingua par ses éloquents sermons et acquit une telle renommée que Louis IX, Saint Louis, l'installa à la cour et le prit pour confesseur.

Le souvenir des difficultés qu'il avait rencontrées à obtenir le grade de docteur le décida à fonder à Paris un collège qui épargnerait les mêmes épreuves aux pauvres. Il voulait que ce collège offre les mêmes avantages que ceux dont disposaient les deux principaux ordres mendiants de la capitale, et où l'enseignement, gratuit, était accessible à tous. Il était alors propriétaire de plusieurs maisons situées rue Coupe-Gueule, près du palais des Thermes.

Le roi lui fit don d'un immeuble voisin, situé rue de la Bretonnerie et comprenant l'ancienne demeure de Jean d'Orléans. Ses collègues de la cour, les chanoines Jean et Robert de Douay, lui donnèrent des sommes importantes qui lui permirent de faire de nouvelles acquisitions proches des autres, dans le quartier de l'île de la Cité.

Sur l'emplacement de ces maisons naquit ainsi, en 1253, un collège qui prit le nom de son fondateur, la Sorbonne, et que Louis IX confirma par lettres patentes en février 1257. Robert de Sorbon en fut le proviseur et y attira les maîtres les plus distingués de la capitale, parmi lesquels Guillaume de Saint-Amour, Gérard d'Abbeville, Henri de Gand, Guillaume des Grez, Chrétien de Beauvais.

Le 23 mars 1268, le pape Clément IV donna à Robert de Sorbon son approbation apostolique pour son collège en adressant une bulle « à son cher fils le proviseur des pauvres maîtres et aux maîtres eux-mêmes, étudiant dans la faculté de théologie aux portes du palais des Thermes et menant la vie commune ».

Après dix-huit ans d'enseignement théologique, Robert de Sorbon rédigea les statuts du collège, qui restèrent toujours en vigueur.

Ils comprenaient trente-huit articles relatifs à la vie commune, « depuis le silence, assez peu rigoureux au réfectoire, jusqu'à la simplicité des vêtements autorisés, jusqu'aux peines qui frapperaient les transgresseurs ».

Par la suite, en 1271, Robert de Sorbon fonda, près de la Sorbonne, le collège de Calvi, qui devint la Petite Sorbonne. Richelieu, plus tard, devait la faire détruire pour y construire l'église du même nom. À sa mort, Robert de Sorbon légua tous ses biens à la congrégation de son collège.

16 août 1316

Avignon devient la ville des papes

En 1305, Philippe le Bel, alors en butte à la froideur du pape Boniface VIII, parvint à faire élire sur le trône de saint Pierre l'archevêque de Bordeaux, Bertrand de Got, qui devint Clément V. Le nouveau pape se trouva ainsi placé sous son influence. Clément V désirait, en outre, régler les anciens contentieux existant entre le royaume de France et la papauté, et purger le pays des hérétiques de l'ordre du Temple. Il se fixa donc provisoirement en France plutôt que de gagner Rome. Il choisit le couvent des frères prêcheurs d'Avignon, car la ville jouxtait le Comtat Venaissin, propriété de l'Église, et parce que la Provence, pacifiée de longue date, jouissait d'une paix profonde.

Il y demeura en fait jusqu'à sa mort, en 1314, car l'affrontement des guelfes et des gibelins semait le désordre à Rome, d'où il préférait se tenir à distance. Les cardinaux qu'il avait nommés étaient en grand nombre des Français. En 1316, à Lyon, ils élurent l'un de leurs compatriotes pour lui succéder. Ce fut Jean XXII. Le 16 août 1316, celui-ci choisit de demeurer dans le couvent des frères prêcheurs d'Avignon et de faire de la ville le siège épiscopal. Le pape suivant, Benoît XII, décida de faire construire une sorte de palais-forteresse, qui devint le Palais des Papes. Commencé en 1334 par Guillaume de Cucuron, l'édifice dépassa en beauté architecturale tout ce qu'avait imaginé le pontife. C'était le plus important monument gothique du monde, ceint d'un rempart formidable et bénéficiant d'une superficie de 15 000 m² de plancher supportant entre autres une immense chapelle à deux niveaux superposés.

Les Romains, cependant, dénonçaient ce qu'ils appelaient la « trahison pontificale » et critiquaient sévèrement l'immoralité régnant à Avignon, que Pétrarque nommait « l'inique Babylone, l'égout de la terre ». Trois papes allaient encore régner à Avignon, dont Urbain V, qui décida de regagner Rome en 1367. Mais les troubles qui se multipliaient dans la Ville Éternelle le contraignirent à rentrer trois ans plus tard à Avignon. En fin d'année 1376, sur les instances de Catherine de Sienne, Grégoire XI résolut enfin à passer les Alpes. Sept papes s'étaient succédé à Avignon, et la ville, agrandie de 40 000 habitants, avait connu le plus bel essor économique depuis son existence.

3 août 1347

Les bourgeois de Calais entrent dans la légende

Revendiquant la couronne de France en tant que petit-fils de Philippe le Bel, le roi Edward III Plantagenêt d'Angleterre passa la Manche pour conquérir le trône

de France. Ainsi débuta, en 1337, la guerre de Cent Ans dont l'une des plus célèbres batailles fut celle de Crécy, le 26 août 1346.

Un an plus tard, Edward III parvint sous les murs de Calais, et entama un siège qui dura onze mois. Onze mois au bout desquels les assiégés, réduits à la famine, abandonnés par leur roi Philippe VI de Valois, résolurent de se rendre. Le 3 août, le gouverneur de la ville, Jean de Vienne, roi de Bohême, vint rendre compte au roi d'Angleterre des conditions de la capitulation : Calais se rendait si la vie sauve était accordée à tous. Edward consentit mais exigea que six des plus notables bourgeois de la ville viennent en chemise, pieds nus, la corde au cou, lui porter les clés de la place et de la forteresse.

Eustache de Saint-Pierre, Jean de Fiennes, Jean d'Aire, Jacques et Pierre de Wissant, et Andrieus d'Andres acceptant de subir l'humiliation, se présentèrent devant le monarque.

Celui-ci ordonna qu'on leur coupe la tête : « Ils ont fait périr trop de nos gens ; ils mourront tous. » Les six otages implorèrent sa miséricorde, que le roi leur refusa. C'est alors que son épouse, la reine Philippa de Hainaut, prise de pitié, se jeta à ses pieds en suppliant de leur faire grâce. Elle était alors enceinte : « Gentil sire, lui dit-elle, depuis que j'ai passé la mer en grand péril, ainsi que vous savez, je ne vous ai rien demandé ; je vous prie et requiers à mains jointes, que pour l'amour du fils de votre dame, vous veuillez bien avoir pitié d'eux. »

Le roi lui répondit : « Ah, Madame, j'aimerais mieux que vous fussiez autre part qu'ici ! Vous me priez si tendrement que je n'ose vous éconduire malgré que j'en aie envie. Tenez ! Je vous les donne ! Faites-en votre plaisir ! » La reine retira elle-même les cordes qui entravaient le cou des prisonniers, leur fit donner des vêtements, leur fit servir à dîner puis ordonna qu'on les conduise en Picardie, où ils demeurèrent en sûreté.

Dès le jour suivant, le 4 août, Calais fut occupé par les Anglais. Avant de repasser la Manche, Edward III confia la garde de la ville à ses troupes, sous les ordres de Jean de Montgomery.

Importante place commerciale et militaire pour les Anglais, Calais ne redevint française qu'en janvier 1558, grâce à l'audace et au courage du duc François de Guise.

En 1895, Auguste Rodin immortalisera cette journée mémorable du 3 août 1347 et le courage des six bourgeois en exécutant en bronze le célèbre groupe statuaire *Les Bourgeois de Calais* : « C'est le sujet lui-même, expliquera le sculpteur, qui impose une conception héroïque et l'ensemble des six figures se sacrifiant à une expression et une émotion communicatives. Le piédestal est triomphal et a les rudiments d'un arc de triomphe pour porter non un quadrige, mais le patriotisme humain, l'abnégation et la vertu. »

18 octobre 1356

Premières secousses du tremblement de terre en Alsace

Le séisme qui détruisit la ville de Bâle en ce jour de la Saint-Luc 1356 fut le plus important d'Europe depuis plusieurs siècles. Les premières secousses furent ressenties vers 10 heures du soir, firent 2 000 morts et détruisirent quarante châteaux. Douze répliques vinrent toucher la France, particulièrement l'Alsace, la Lorraine, la Franche-Comté, la Bourgogne, la Champagne et l'Ile-de-France. À Strasbourg, explique Frédéric Closener, alors prêtre du grand-chœur de la cathédrale, « il arriva sur le soir un tremblement de terre assez sensible suivi de quelques autres avant la nuit qui le furent moins. Vers dix heures du soir, survint une commotion très violente : elle jeta à bas des maisons de nombreuses mitres des cheminées ainsi que des faîtières, et à la cathédrale, elle renversa les ciboires et les ornements ». À Metz, le tremblement de terre fut « si grand que tout croulait en plusieurs lieux par la cité et qu'il semblait que les maisons allaient choir ». À Besançon, un autre témoin rapporte : « Aussi fît-il en Bourgogne de façon que la plus grosse tour du château de Montrond-le-Château chut bas. » À Dijon on ne signale que quelques chutes de tuiles ou d'ardoises.

Le lendemain, 19 octobre, d'autres secousses touchèrent la France, pour qui ce séisme devait rester longtemps le plus impressionnant. Il allait falloir attendre 1755 pour qu'une telle catastrophe se reproduise en Europe. Cette année-là, le séisme de Lisbonne, terriblement meurtrier, sera d'une rare violence et détruira la ville.

1370
Publication du *Viandier* de Taillevent

Le fameux Guillaume Tirel, dit Taillevent, entre autres maître-queux de Philippe de Valois, révéla ses

secrets dans un ouvrage, le *Viandier*, qui décrivait par le menu les mets de choix, venaisons, volailles ou fricassées, que l'on servait à la table du roi.

Le mot « viandier » ne suggérait aucune viande en particulier mais, à travers le mot latin « *vivenda* », les aliments en général. Outre la recette de la « trimolette de perdrix », qui lui valut d'être anobli, Taillevent expliquait de quelle manière concocter d'extravagants entremets et avec quels ingrédients agrémenter les sauces aigres-douces.

Il suggérait même d'égayer les ragoûts avec des plantes colorantes. Parmi bien des recettes, voici celle de la lamproie frite à la sauce chaude : « Faites-la saigner par la gueule et enlever la langue. Embrochez-la et gardez le sang qui va servir de liant, et faites-la rôtir comme une anguille en broche. Puis émincez du gingembre, de la cannelle, des graines de paradis, de la noix de muscade et un peu de pain que vous aurez trempé dans du vinaigre. Mélangez le tout et faites bouillir, puis mettez dedans votre lamproie tout entière ; que la sauce ne soit pas trop noire. »

Le *Viandier*, précurseur de tous les livres de recettes culinaires, devait devenir, pour les historiens, l'ouvrage de référence sur la cuisine médiévale et lever le voile sur bien des secrets gastronomiques du XIVe siècle. L'arrivée des chefs florentins en France avec Catherine de Médicis allait cependant faire de l'ombre à l'influence de la cuisine de Taillevent.

25 avril 1382
Nicolas Flamel transforme le plomb en or

Modeste écrivain public, Nicolas Flamel rencontra en 1377, lors d'un pèlerinage à Compostelle, un vieux juif converti du nom d'Abraham qui l'initia aux mystères des métaux et lui vendit pour quelques florins un obscur traité rempli de formules et de chiffres. Ce manuscrit contenait le secret de la fabrication de la pierre philosophale. Du jour au lendemain, Flamel devint alchimiste forcené et apprit à fondre les couleurs et distiller l'élixir au fond des alambics.

Il affirma plus tard dans son *Livre des figures hiéroglyphiques* avoir percé le secret de la pierre philosophale le 25 avril 1382 : « La première fois que je fis la projection, ce fut sur du mercure, dont j'en convertis une demie livre ou environ, en pur argent, meilleur que celui de la minière, comme j'ai essayé et fait essayer par plusieurs fois. Ce fut le 17 de janvier, un lundi, environ midi, en ma maison, l'an de la restitution de l'humain lignage mille trois cent quatre-vingt-deux. Et puis après, en présence de Dame Pernelle, le vingt-cinquième jour d'avril, sur les cinq heures du soir, en suivant toujours mot à mot mon livre, je transmutai véritablement la pierre rouge en quasi autant d'or pur, très certainement meilleur que l'or commun, plus doux, et plus ployable. »

Cette Dame Pernelle dont il parle était une riche veuve qu'il avait épousée en 1370. Elle fut la seule avoir assisté aux expériences qui avaient donné naissance à la « pierre des sages ».

Personne d'autre ne put jamais témoigner de la bonne foi de Flamel. Pourtant, sa soudaine opulence demeura bien étrange. L'or une fois entre ses mains, il fit le serment de le distribuer aux pauvres. Il finança la construction de nombreux hôpitaux, léproseries, chapelles et églises.

Ses initiales en lettres gothiques devaient rester incrustées dans bon nombre d'ouvrages d'architecture pour lesquels il avait versé de l'argent. On le représenta même en prière avec Dame Pernelle sur le portail de l'église Saint-Jacques-de-la-Boucherie, dont la réfection était l'œuvre de sa philanthropie.

À ceux qui doutaient de la réussite de ses expériences, il répondit : « Je peux le dire avec vérité : je l'ai fait trois fois avec l'aide de Pernelle, qui l'entendait aussi bien que moi, pour m'avoir aidé aux opérations. » Cette affirmation se trouvait également dans son *Livre des figures hiéroglyphiques*. Celui-ci ne fut publié qu'en 1612, et il se trouva alors bon nombre de savants incrédules qui prouvèrent qu'il n'avait jamais été écrit de la main de Nicolas Flamel et que l'alchimiste n'était sans doute qu'un mystificateur.

9 janvier 1386

Une truie condamnée pour meurtre...

La coutume normande exigeait alors qu'un animal accusé d'homicide ou de tentative d'homicide soit conduit devant un tribunal, comme un être humain, et, toujours comme un être humain, soit supplicié s'il était reconnu coupable, après un procès fait dans toutes les formes. Ainsi comparut l'une des truies qui divaguaient dans les rues de Falaise. Elle avait gravement blessé au visage et au bras le jeune Janet Perrin, fils de Thomas Perrin, manœuvre de la ville. On la revêtit d'une veste, de haut-de-chausses aux pattes arrière et de gants blancs aux pattes de devant et elle fut présentée ainsi au vicomte juge qui présidait le tribunal.

Une pléiade de témoins fut entendue, puis on débattit. Le vicomte reconnut l'animal coupable et la condamna à avoir le groin tranché et à être pendue haut et court à une potence.

Dans la charrette qui l'emmenait au supplice, engoncée cette fois dans sa camisole de condamnée, la truie semblait presque humaine. Les valets du bourreau Nicole Morier l'empoignèrent violemment par la queue et les oreilles, la jetèrent sur l'échafaud et l'adossèrent au billot. « Le vicomte juge présidait l'exécution, à cheval, un plumet sur son chapeau et le poing sur le côté. » Le père de la victime avait été tenu d'assister à l'exécution pour le punir de n'avoir pas surveillé son enfant. Lorsque le bourreau eut tranché le groin de la truie, il lui appliqua un masque de carnaval sur la gueule mutilée. La foule jubila. Puis la condamnée fut étranglée par un garrot avant d'être hissée, la langue pendante, au haut du gibet.

1er février 1402

LA PREMIÈRE POLÉMIQUE ANTIFÉMINISTE

Parmi toutes les œuvres que la femme de lettres Christine de Pisan put lire dans les bibliothèques, une attira particulièrement son attention. Il s'agissait du fameux *Roman de la Rose*, un poème allégorique dont la première partie, écrite plus de deux siècles et demi plus tôt, était signée Guillaume de Lorris, et la seconde, rédigée par Jean de Meung, était satirique et encyclopédique. Christine de Pisan vit dans la seconde, qu'elle trouva extrêmement grossière, un évident mépris de la femme : « Une honnête femme, y était-il écrit entre autres, est aussi rare qu'un cygne noir. »

Déjà indignée par les lois ordonnées par cette société faite d'hommes, et notamment par la loi salique, qui excluait les femmes de la succession au trône de France, révoltée tout autant par la suprématie presque totale des hommes dans le domaine culturel, Christine ne put accepter les propos antiféministes de Jean de Meung, qui s'opposait, parfois avec cynisme, à l'amour courtois et prônait un retour à la procréation, la finalité de l'amour. Elle s'efforça de condamner vigoureusement les idées de Jean de Meung auprès des grands de la faculté qui encensaient le texte de l'auteur. Parmi eux, le prévôt de Lille, Jean de Montreuil, secrétaire du roi, lui répondit en rédigeant, en 1401, un traité à la louange de Jean de Meung. Christine riposta en lui adressant ces mots : « Très cher sire et Maître, sage en mœurs, aimant la science, fondé en savoir et expert en rhétorique, je suis une femme ignorante d'entendement et de sentiment léger. Que votre sagesse n'ait aucunement en mépris la petitesse de mes raisons, mais veuille suppléer par la considération de ma féminine faiblesse. » Elle lui dit n'avoir vu dans le *Roman de la Rose* que « dissolution et vice ». Elle s'indigna que « si excessivement, impétueusement et non véritablement, Jean de Meung accuse, blâme et diffame les femmes de plusieurs très grands vices et prétend que leurs mœurs sont pleines de toutes perversités ».

Gontier Col, attaché à la chancellerie royale, prit le parti de Jean de Montreuil, rédigea à son tour un traité à la gloire de Jean de Meung, puis s'adressa à Christine, lui intimant l'ordre de s'amender « de l'erreur manifeste, folie ou démence qui t'est venue par présomption ou autre, et comme à femme passionnée en cette matière ». Il lui promit le pardon si elle se rétractait, ce qu'elle ne fit jamais. Au contraire, elle s'obstina et répondit à Gontier Col : « Je dis que c'est exhortation de vices confortant une vie dissolue, doctrine pleine de mensonges, voie de damnation, diffamateur public, cause de soupçons et de mécréantise. Qu'il ne me soit imputé comme folie, arrogance ou la présomption d'oser, moi, femme, reprendre et contredire un auteur si subtil, quand lui, seul homme, osa entreprendre de diffamer et blâmer sans exception tout un sexe ! »

Elle finit par trouver plusieurs appuis masculins, plus particulièrement ceux du duc d'Orléans, de Guillaume de Tignonville, conseiller de Charles VI, et de Jean Gerson, qui condamnèrent à leur tour les satires de Jean de Meung. Gerson sema l'émoi dans le camp universitaire, dont les docteurs n'osèrent pas répliquer à ses missives comme à celles de Christine. Le 25 août 1401, il prononça même un sermon dans lequel il mit publiquement en cause les propos de Jean de Meung et se montra sévère avec ses partisans.

De son côté, Christine ne perdit pas de temps et rédigea un colossal dossier où étaient réunies de nombreuses épîtres. S'en remettant à la reine de France Isabeau de Bavière, elle les lui envoya, accompagnées d'une lettre datée du 1er février 1402 : « À la très excellente, très haute et très redoutée princesse, madame Isabelle de Bavière, par la grâce de Dieu reine de France. Très haute, très puissante et très redoutée dame, comme j'ai entendu que votre très noble excellence se délecte à entendre lui dire choses vertueuses et bien dites, moi, simple et ignorante entre les femmes, votre humble chambrière, sous votre obéissance désireuse de vous servir, vous envoie les présentes épîtres sur lesquelles vous pourrez entendre la diligence, désir et volonté de soutenir contre certaines opinions à l'honnêteté contraires, l'honneur et la louange des femmes. Je supplie humblement votre digne altesse qu'à mes raisons veuillez ajouter foi et donner faveur. Et tout soit fait sous votre sage et bénigne correction. »

Cette lettre resta sans réponse mais Christine comprit qu'elle avait ému la reine puisqu'à dater de ce jour celle-ci lui fit envoyer des cadeaux à plusieurs reprises. Quant à ses œuvres, elles figurèrent désormais, dans leur intégralité, dans la bibliothèque royale.

Cette première polémique antiféministe de l'histoire s'acheva en 1403, lorsque Pierre Col, chanoine de Paris, prit la relève de son frère Gontier en rédigeant à son tour traité sur traité puis finissant, le premier, par renoncer à cette « guerre » littéraire. L'année suivante, le duc de Bourgogne, Philippe le Hardi, peu de temps avant sa mort, présida à la création de la fameuse « cour d'Amour », qui débattait de casuistique amoureuse et se réunit à la Saint-Valentin pour un tournoi poétique en l'honneur des dames.

1407
Une favorite pour calmer le roi schizophrène

On ne sait exactement quand apparurent les premiers symptômes de ce que la thèse actuelle admet comme étant de la schizophrénie et dont le roi de France Charles VI souffrit jusqu'à la fin de ses jours. Les chroniques du temps nous rapportent l'épisode de la forêt du Mans, où, le 5 août 1392, croyant tomber dans une embuscade, il passa subitement au fil de son épée plusieurs de ses gentilshommes. Sa folie devint chaque jour plus furieuse, au point que son entourage dut faire murer les portes de l'hôtel Saint-Pol afin qu'il ne s'échappe pas. « Tout plein de poux, vermine et ordure », il ne change jamais de vêtements et refuse tout soin de propreté : « Il avait un physicien, nous dit Juvénal des Ursins, qui dit qu'il était nécessité d'y remédier, ou qu'il était en danger, et que de la guérison de la maladie il n'y avait remède, comme il lui semblait. »

Pour tenter de le soigner, on eut recours à maints chirurgiens, dont la science resta impuissante. Quelques-uns, plus charlatans ou sorciers que médecins, finirent sur l'échafaud, d'autres furent exilés.

Parfois, la présence d'une belle courtisane dans la chambre royale faisait naître une lueur de raison dans l'esprit tourmenté du roi. C'est sur cette observation que la reine Isabeau de Bavière se détermina à lui fournir une compagne. Régente du royaume en raison de l'incapacité de son époux de régner, elle savait qu'une distraction féminine occuperait suffisamment celui-ci pour qu'elle puisse, elle, continuer à gérer les affaires de l'État. C'est à cette époque qu'Odette de Champdivers, fille d'un écuyer d'écurie du roi et gentilhomme de cuisine, fit son apparition à la cour. On place ordinairement son arrivée en 1407, et son départ après vingt ans de liaison avec Charles VI.

Ce dernier s'en éprit dès les premiers jours et en fit bientôt sa favorite attitrée. Surnommée « la Petite Reine », elle le divertit avec un jeu de cartes à jouer de son invention.

Elle prit vite un grand ascendant sur lui et parvint à lui faire exécuter les ordonnances des médecins. Elle ne se ressentit jamais des fureurs de Charles ; il lui suffisait d'un mot pour en arrêter les effets. « Tout à coup il se lève, rapporte Juvénal des Ursins, porte les deux mains à sa tête ; l'heure de la frénésie approche, elle est venue. "S'il est ici parmi vous, s'écrie-t-il, celui qui me fait souffrir, je le conjure, au nom de Notre Seigneur, de ne pas me tourmenter davantage, de faire que je ne languisse plus ; qu'il m'achève plutôt et que je meure". » Odette se lève pour le calmer et le consoler comme un enfant : « C'était grande pitié de la maladie du roi, ajoute Juvénal des Ursins, laquelle lui tenait longuement. »

Comptant sur l'amour qu'il lui portait, Odette le menaçait de sa haine ou de son indifférence et son agitation se calmait aussitôt. Elle changeait ses résolutions lorsque, dans ses accès, il s'obstinait à refuser la nourriture qu'on lui présentait. La crainte de ne plus être aimé de cette « petite reine », ou de ne plus la voir, rendit le malade docile et le contraignit à se prêter à tout ce qu'on exigeait de lui.

De cette liaison, vers 1408, naquit une fille, Marguerite, à laquelle Charles VI donna les produits du péage de Saint-Jean-de-Losne, en Bourgogne, et du rouage de Troyes.

Vers 1408

Introduction du jeu de cartes en France

C'est cette même Odette de Champdivers (*Voir article précédent*) qui introduisit en France un jeu nouveau pour divertir son amant le roi Charles VI. Ce jeu était composé de morceaux de carton sur lesquels étaient dessinés des figures et des signes permettant quantité de jeux différents aux règles plus ou moins compliquées. Il venait d'Orient, où il était appelé « naïb », nom signifiant vizir et que lui donnaient également les Italiens qui l'avaient adopté, notamment les célèbres familles Sforza et Visconti. Conquis par ce qui devait devenir un jour le « jeu de tarots », le roi commanda à

son peintre Jacquemin Gringonneur de nouvelles illustrations pour les cartons. Gringonneur y travailla avec Charles Poupart, argentier de la cour.
Ensemble, ils substituèrent aux naïbs, vice-naïbs et aide-naïbs, des rois, des reines et des valets, auxquels ils ajoutèrent un écuyer, un bateleur, un fou, un empereur et autres pape et ermite. Toutes ces nouvelles figures rapportèrent à Jacquemin Gringonneur seul « cinquante-six sols parisis pour trois jeux de cartes à or et à diverses figures de plusieurs devises, pour porter devers le roy pour son esbattement ».

Gringonneur fut nommé « maître cartier » de Charles VI. On lui attribua longtemps la paternité du tarot parce qu'il avait fait sur les lames un travail artistique remarquable.

Plus tard, sous le règne de Charles VII, dans un souci évident de naturaliser le jeu français, il poursuivit d'ailleurs son œuvre de substitution en assignant aux figures du tarot les noms qu'elles portent encore aujourd'hui.

Quelques siècles plus tard vinrent cependant les premières controverses : on commença à admettre que l'artiste n'avait fait qu'habilement exploiter le jeu et que ce dernier avait en réalité été introduit quelque dix à vingt ans plus tôt. On ne parla même plus d'Odette de Champdivers comme importatrice des cartes à jouer en France. Pourtant, étrangement, avant de devenir la maîtresse du roi, elle avait séjourné à Venise, où le tarot était alors en vogue et encore inconnu du reste de l'Europe.

1411
Charles VI tombe amoureux du roquefort

Depuis des siècles, on fabriquait dans les grottes de la montagne du Cambalou, dans l'actuel Aveyron, un fromage de lait de brebis, auquel du pain moisi mêlé à la pâte donnait une saveur particulière. Ce « roquefort », était l'un des plus anciens de France.

Les Gaulois l'avaient exporté au-delà des Alpes et Pline l'Ancien avait déclaré l'apprécier tout spécialement. Plus tard, le moine Notker le Bègue raconta que Charlemagne, un jour, séjournant alors chez l'évêque d'Albi, goûta du roquefort : « L'empereur mangea du fromage ; mais, prenant les taches du persillé pour de la pourriture, il avait soin auparavant de les enlever avec la pointe de son couteau.

L'Évêque, qui était debout auprès de la table, comme la suite du Prince, prit la liberté de lui dire que ce qu'il jetait était le meilleur du fromage. Charles goûta donc du persillé ; il trouva que son hôte avait raison, et le chargea même de lui envoyer, tous les ans, à Aix-la-Chapelle deux caisses de fromages pareils. »

On ne parla plus du roquefort jusqu'à l'avènement de Charles VI, auquel les habitants du village de Roquefort-sur-Soulzon, près de Millau, envoyèrent leur fromage. Au cours de l'année 1411, ils eurent l'agréable surprise d'apprendre que le roi venait de signer une charte leur accordant le monopole de l'affinage du roquefort. Les successeurs de Charles VI confirmèrent ce privilège, qui fut à l'origine de l'essor considérable du roquefort.

14 février 1441

Charles d'Orléans introduit la Saint-Valentin

Le prince poète Charles d'Orléans, fait prisonnier à la bataille d'Azincourt en 1415, demeura vingt-cinq ans en captivité en Angleterre.

À son retour en France, en 1441, il rapporta une coutume qui datait de la Rome antique et était liée au 14 février, jour de la Saint-Valentin.

Les Anglais prétendaient, dit-il, que, ce jour-là, les oiseaux choisissaient leurs compagnes de nichée. Afin de les imiter, les jeunes gens prenaient l'habitude de désigner l'élue de leur cœur par un cadeau. Le garçon devenait alors pour un an le Valentin de la jeune fille et elle sa Valentine.

Charles d'Orléans acclimata cette coutume en Touraine, qui se répandit par la suite dans le reste du royaume de France. Le poète écrivit pour la circonstance :

Ce jour aussi, pour partir leur butin
Les biens d'Amours faisaient assemblée
Tous les oiseaux qui, parlant leur latin
Criaient fort, demandant la livrée
Que Nature leur avait ordonnée...

19 juin 1464
Louis XI crée la Poste

Par son Édit de Luxies signé le 19 juin 1464, Louis XI jeta les bases d'un établissement de relais de chevaux, la « poste », sur les grandes routes de France. Ces relais, placés toutes les 4 lieues (16 km), étaient destinés à remplacer les attelages, afin d'améliorer la distribution, auprès des seigneurs, des messages émanant de la cour. Le roi jugeait en effet « qu'il était moult nécessaire et important à ses affaires et à son État de savoir diligemment nouvelles de tous côtés, et y faire, quand bon lui semblera, savoir des siennes ». Cette première poste au monde était exclusivement royale. Louis XI en confia l'organisation et la surveillance à Robert de Péan, qui mit en place un corps de chevaucheurs du roi, représentant la « poste mobile », et un corps de maîtres de poste, préposés à la « poste assise ».

La transmission des messages demeura un privilège royal jusqu'à l'avènement de Louis XII. Ses frais étant devenus excessifs, le roi, par lettres patentes de 1506, mit alors les services des relais à la disposition de tous les voyageurs, qui rémunérèrent eux-mêmes les employés en versant 15 sols à chaque relais. La distribution des messages au public se développa quant à elle en 1653, lorsque Louis XIV instaura à Paris le principe des « billets de port payé » à l'aide desquels on affranchissait la lettre que l'on désirait faire distribuer dans la capitale. Ce système inspirera, deux siècles plus tard, l'idée du premier timbre-poste en France.

Février 1506
Un Indien d'Amérique exhibé à la cour de Louis XII

En février 1506, Louis XII fit son entrée solennelle à Bourges pour prendre possession du duché de Berry. Anne de Bretagne l'y rejoignit le lendemain et reçut une harangue de bienvenue prononcée par Jacques de Treignac, avocat de la ville, un des conseillers de Jeanne. À l'occasion de la venue du couple royal, on représenta pendant plusieurs jours les mystères de la passion de Jésus-Christ. La Fosse des Arènes accueillit chaque jour vingt-cinq à trente mille personnes. Il se trouvait encore à Bourges lorsqu'on lui présenta un sauvage d'Amérique du Nord, le premier qu'on eût vu en France depuis la découverte de Christophe Colomb. Il avait été recueilli par des pêcheurs de Rouen sur les côtes d'Angleterre, avec six autres compagnons, alors que leur pirogue d'écorce venait de dériver sous l'effet d'une tempête. Peu de jours après leur arrivée à Rouen, les autres sauvages avaient succombé par suite des privations éprouvées en mer.

Sur la demande du roi, le sauvage fut exhibé devant la cour, avec sa pirogue, son arc, ses flèches emmanchées de pierres. Il était d'une taille médiocre, brun de peau, sans barbe, avait les lèvres grosses, les cheveux divisés en tresses et tortillés en couronnes, le visage affreusement stigmatisé de cicatrices et peint de plusieurs couleurs. Il n'était vêtu que d'un baudrier de cuir de poisson, avec une petite bourse qui cachait ses parties sexuelles. Pour amuser la cour, le gentilhomme qui en avait la charge et le tenait au bout d'une chaîne, expliqua qu'il mangeait de la chair crue et buvait du sang chaud.

Quarante-quatre ans plus tard, le 1er octobre 1550, Rouen présenta d'autres indiens, à Henri II cette fois, dans le but d'inciter le roi à intervenir afin de protéger les entreprises des armateurs de la ville. Un demi-siècle s'était à peine écoulé depuis la découverte du Brésil. Près de cinquante indiens Tupinamba vinrent simuler leurs combats sur les bords de la Seine, devant le roi et Catherine de Médicis. Ces sauvages, ramenés par les marchands de leurs lointaines expéditions, surgirent derrière le défilé des représentants du roi, sur une grande prairie transformée en forêt grâce à des arbres peints, des fruits multicolores, des perroquets et des guenons.

1539

La Belle Ferronnière transmet le « mal de Naples » à François Ier

La liaison de François Ier avec la Belle Ferronnière daterait de 1539. On a longtemps admis que le célèbre surnom de la maîtresse royale venait du fait que son mari était ferronnier, au même titre que Louise Labé, épouse d'un marchand de cordes, était appelée « la Belle Cordière ».

En fait, elle était l'épouse d'un avocat parisien du nom de Le Ferron. Le portrait de Léonard de Vinci exposé au Musée du Louvre et intitulé la *Belle Ferronnière* n'est pas celui de la maîtresse de François Ier. Cette femme représentée le front ceint d'un admirable bijou – une ferronnière – serait Lucrezia Crivelli, favorite de Ludovic Sforza, duc de Milan, ou Béatrice d'Este, la femme de ce dernier.

Toujours est-il que la rumeur prétendit que le mari de la Belle Ferronnière, informé de sa liaison avec le roi, aurait volontairement contracté le « mal de Naples », c'est-à-dire la syphilis, pour la lui transmettre et ainsi contaminer le souverain. Jusqu'à la fin de sa vie, les végétations envahirent le nez de François Ier, qui était contraint de garder constamment la bouche ouverte pour ne pas étouffer. La cour fut persuadée qu'il allait en mourir et ne parla plus de mal de Naples. Le 31 janvier 1547, sa maladie se précisa. Le cardinal d'Armagnac donna au duc de Ferrare des nouvelles de sa santé : « Monsieur. Pour ce que vous avez pu entendre de la maladie du roi qui lui est advenue ces jours passés d'un *apostume au lieu même qu'il eut*, il y a tantôt cinq ans, je ne veux faillir à vous donner avis de sa santé qui m'est assurée de plusieurs de la cour, même de la reine de Navarre qui est arrivée le 17 de ce mois et m'écrit comme Sa Majesté se portait bien. » François Ier rendit son dernier soupir deux mois plus tard, le 31 mars, au château de Rambouillet.

Son médecin, après autopsie du corps, révéla à la cour que le roi venait de mourir à cause de « ses rognons qui étaient gâtés ».

10 août 1539

MAINTENANT ON PARLE FRANÇAIS !

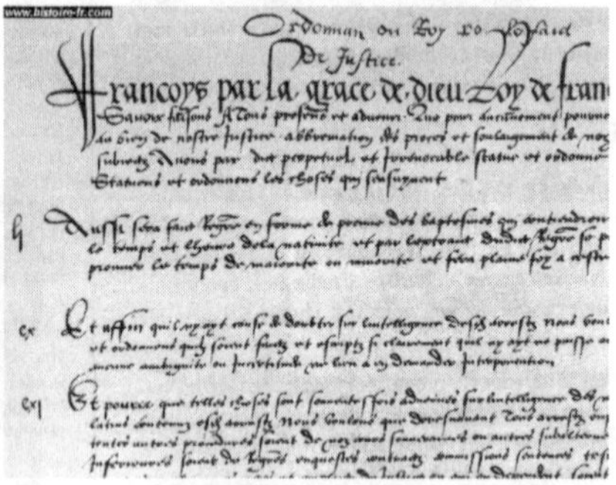

L'Ordonnance de Villers-Cotterêts n'étant pas daté, on admet ordinairement qu'elle fut signée le 10 août 1539. On sait que François Ier séjourna du 10 au 15 août dans son château de Villers-Cotterêts pour rédiger avec son chancelier Guillaume Poyet une série de lois ne comprenant pas moins de 192 articles.

Parmi ceux-ci figurait celui qui, face au recul du latin, imposait la langue française comme langue officielle de l'État afin de faciliter la lecture et l'enregistrement des documents administratifs. Cet article 111, ne concernait pas que le domaine politique. L'Église devait se plier également à ce qui était devenu l'acte de naissance officiel de la langue française.

Désormais, les paroisses étaient obligées de tenir en français les registres relatifs à l'acte civil : « Et pour ce que telles choses sont souvent advenues sur l'intelligence des mots latins contenus édits arrêts, nous voulons dorénavant que tous arrêts, ensemble toutes autres procédures, soient de nos cours souveraines et autres subalternes et inférieures, soient de registres, enquêtes, contrats, commissions, sentences, testaments, et autres quelconques, actes et exploits de justice, ou qui en dépendent, soient prononcés, enregistrés et délivrés aux parties en langage maternel français et non autrement. »

10 juillet 1547
Le coup de Jarnac

Lorsque Diane de Poitiers devint la maîtresse du dauphin Henri, Anne de Pisseleu, duchesse d'Étampes, favorite de François Ier, se posa en rivale décidée de celle-ci, rivale en beauté comme en influence, redoutant le moment où elle serait contrainte de lui céder un rang qu'elle occupait depuis plusieurs années. La haine réciproque des deux favorites éclata d'abord en querelles puériles : « La duchesse d'Étampes, plus jeune et par conséquent plus belle, lançait mille traits malins contre le choix du dauphin et sa Diane ; et remettant incessamment son âge sur le tapis : "L'année de ma naissance, disait-elle, est celle où madame la sénéchale (Diane de Poitiers) se maria". » Diane de Poitiers répliquait en disant qu'elle était assurément plus belle que la duchesse d'Étampes, et tous ses partisans défiaient quiconque d'insinuer le contraire.

Bientôt des conflits plus graves et plus sérieux divisèrent la cour, et tous les moyens furent bons pour triompher. Anne forma contre Diane un parti visant à la discréditer.

L'amiral Chabot, le maréchal d'Annebault ou le cardinal de Tournon, tous des proches du roi dont elle avait favorisé la carrière, menèrent des intrigues de toutes sortes. Le connétable de Montmorency, son ennemi juré, prit la tête des partisans de Diane, aux côtés des Guise et autres grands seigneurs de la cour. Cette guerre interne conduisit, après la mort du roi, au fameux duel entre Guy Chabot, seigneur de Jarnac, et François de Vivonne, seigneur de La Châtaigneraie, pour une obscure affaire d'infidélité mêlant les amants des uns et les maîtresses des autres. Des rumeurs prétendaient que le jeune Guy Chabot, était entretenu par Anne de Pisseleu. Il ne lui en fallut pas davantage pour vouloir venger son honneur et défia en duel La Châtaigneraye, principal instigateur de la rumeur qui l'abreuvait de calomnies et des pires insultes.

La réputation de virtuose de l'épée de La Châtaigneraye étant universelle, Jarnac se prépara auprès de l'un des meilleurs maîtres d'armes italiens de Paris, le capitaine Casi, qui lui enseigna quelques coups dont il avait le secret. Le duel eut lieu quelques mois après la mort de François Ier, le 10 juillet 1547, sur la terrasse du château de Saint-Germain-en-Laye, devant de nombreux courtisans répartis en deux camps. Les Guises soutenaient La Châtaigneraye, les Bourbons Jarnac. Henri II, le nouveau roi, présida le duel. À la surprise de tous,

Jarnac porta à la jambe gauche de La Châtaigneraye un terrible coup de revers qui lui fit une profonde blessure au jarret. « Ce n'était pas un coup de traître que cette botte, comme on l'a cru à tort et tant répété depuis : en plusieurs rencontres, elle avait été employée et ne pouvait donc pas même être considérée comme une botte bien secrète. »

La Châtaigneraye fut emporté hors de la lice sans connaissance et dans un état pitoyable. Le lendemain, revenu à lui, il s'arracha des mains des médecins et mourut la nuit suivante, « en proie à une excitation nerveuse que rien ne put calmer ». Il avait été si sûr de sa victoire qu'il avait fait préparer un banquet pour la célébrer.

Le roi Henri II arrêta le combat et rendit l'honneur au comte de Jarnac. Il venait d'inaugurer le temps des duels. Duels que le cardinal de Richelieu décida plus tard d'interdire, voulant mettre un terme au code d'honneur qui décimait la noblesse française. L'expression « coup de Jarnac » naquit bientôt. Son véritable sens fut détourné par les ennemis de Jarnac. En réalité, cette estocade célèbre désigne, non pas un coup de traître, mais un coup habile et loyal.

1er mars 1552

LE *QUART LIVRE* DE RABELAIS CENSURÉ PAR LES THÉOLOGIENS

En 1549, François Rabelais fut censuré par le Parlement pour son *Gargantua et Pantagruel*. L'année sui-

vante, Calvin fustigea l'écrivain dans son *Traité des scandales*. Trois ans plus tard, le voyage entrepris par Pantagruel dans le *Quart Livre* fut condamné cette fois par la Sorbonne le 1er mars 1552.

Les théologiens jugèrent la satire de l'ouvrage trop forte par sa violente attaque dirigée contre la papauté dans les chapitres 45 à 54 et partout dans l'épisode des Décrétales. Rabelais avait été mêlé de près à la grande crise gallicane de 1551-1552 qui avait opposé Henri II au Saint-Siège, alors occupé par le pape Jules III, au point de laisser entrevoir pendant un temps le risque d'un schisme.

Le *Quart Livre*, qui faisait suite au *Tiers Livre*, censuré, lui aussi, pour hérésie, était une épopée bouffonne inspirée des expéditions de Jacques Cartier. Pantagruel et ses compagnons y naviguaient d'île en île, en quête de « l'oracle de la Dive Bouteille », rencontrant chemin faisant des êtres monstrueux.

Ce mélange de farce et d'érudition, d'obscénité et de philosophie plut cependant au public, puisque les censures et les multiples attaques n'empêchèrent pas Le *Quart Livre* de connaître un vif succès, le plus grand que Rabelais connut dans toute sa carrière.

Pour cette seule année 1552, il n'y eut pas moins de cinq rééditions successives de l'ouvrage, et une sixième, au début de 1553, l'année de la mort de Rabelais.

27 avril 1560
Catherine de Médicis chasse Diane de Poitiers de la cour

Diane de Poitiers devint la maîtresse d'Henri II en 1536. Elle fut dès lors la véritable conseillère et inspiratrice du roi durant toute la durée de son règne, s'imposant aux dépens de Catherine de Médicis.

Elle s'entoura d'une cour personnelle plus brillante que celle de la reine : des pages, des laquais, un chapelain, un trésorier, un contrôleur des dépenses, plusieurs maîtres d'hôtel, des nains pour la divertir, et autres secrétaires et écuyers. Dans le domaine politique, elle eut l'habileté, pour parvenir à ses fins, de favoriser tour à tour les Montmorency et les Guise, particulièrement en remettant aux uns comme aux autres de nombreux biens confisqués sur des anciens favoris.

De même, elle entendit lier le mieux possible la Maison de France avec les grandes familles d'Italie. Elle était intelligente, informée de tout, très prudente et de très bon conseil. Le roi lui faisait partager tous ses secrets, et, par son intermédiaire, concédait des faveurs plus facilement que par d'autre voie. La distribution des bénéfices ecclésiastiques dépendait particulièrement d'elle.

D'une passion profondément antiprotestante, ennemie déclarée de la réforme, elle joua un rôle considérable dans la persécution des huguenots. Elle inspirait au roi toutes les cruautés dont il se rendait coupable envers les protestants, et applaudissait tous les édits d'intolérance qui leur étaient destinés. Diane, qui faisait argent de tout, ne cachait pas qu'elle s'enrichissait des dépouilles des condamnés huguenots.

Mais tout apogée, toute puissance, toute faveur ne durent qu'un temps. Mortellement blessé lors d'un tournoi courtois qui l'opposait au comte de Montgomery, Henri II s'éteignit le 10 juillet 1559. Catherine de Médicis n'autorisa pas Diane à venir prier à son lit de mort. Le premier usage que fit de son pouvoir celle qui était devenue veuve et régente du royaume fut de chasser la favorite de la cour, le 27 avril 1560. Auparavant, elle lui demanda de rendre Chenonceau. Diane s'exécuta et, en échange, prit possession du château de Chaumont. Elle dut également rendre les bijoux de la couronne offerts par le roi, et dont elle avait fait dresser un inventaire complet. Retirée à Anet, elle intervint encore dans les affaires publiques en faisant échouer pour de nombreuses années la politique de conciliation entre catholiques et protestants envisagée par Catherine de Médicis. Puis le 22 avril 1566, elle fut emportée par une brutale maladie.

1er mars 1562

Le massacre de Wassy déclenche une guerre de religion

À la fin de février 1562, le duc de Guise François de Lorraine, chef des troupes catholiques, rendit visite à sa mère à Joinville. Celle-ci, Antoinette de Bourbon, se plaignit à lui des pasteurs qui évangélisaient ses vassaux. L'un d'eux, Léonard Morel, la désignait dans ses sermons sous le nom de « mère des tyrans », et animait les paysans contre elle. En quittant Joinville, le dimanche 1er mars 1562, le duc de Guise s'arrêta à Wassy. Sa suite nombreuse était composée de sa compagnie d'ordonnance et d'un grand nombre de serviteurs, tous armés. Il était résolu à adresser des remontrances à Morel, sur lequel s'étendait son autorité seigneuriale.

Il envoya le fils de son lieutenant, Jacques de la Brosse, avec deux pages allemands, qui se présentèrent au temple où il officiait et interrompirent le service. Les fidèles les injurièrent et les encerclèrent rapidement. Jacques de la Brosse s'efforça de les repousser, les armes à la main. Il fut accablé de coups et retenu prisonnier à l'intérieur du prêche tandis que ses compagnons tentaient de repousser la foule. Le duc de Guise accourut avec le reste de son escorte et trouva Jacques de la Brosse massacré et jeté sur les marches du portail. Les protestants grimpèrent sur un échafaud appliqué le long des murs et leur projetèrent toutes sortes de projectiles. Une clameur s'éleva alors contre les huguenots. Guise, blessé au visage et au bras, fit barricader la porte et ordonna d'ouvrir le feu. Les arquebusades sifflèrent dans l'enceinte du temple, le duc et ses gentilshommes frappèrent à coups d'épée tous ceux qu'ils rencontraient, sans égard pour leur sexe ni pour leur âge, en hurlant : « À bas, canailles ! Tuez, mort-dieu, tuez ces huguenots ! » Dehors, des soldats postés abattirent ceux qui tentaient de fuir par la toiture et les fenêtres. Lorsque le duc fit cesser le feu, soixante-dix protestants avaient trouvé la mort.

Le duc de Guise ignorait que le massacre de Wassy allait provoquer une prise d'armes de tous les protestants du royaume et déclencher la première des guerres de religion. Au Louvre, Catherine de Médicis reçut la nouvelle comme un coup de tonnerre et somma le responsable de cette tuerie de s'expliquer : « Je vous prie de croire, Madame, déclara le duc de Guise, que ce qui est arrivé aux huguenots de Wassy est arrivé contre ma volonté. Je n'y allai aucunement avec l'intention de leur faire offense. J'ai été défendeur, non agresseur, et, lorsque l'ardeur de ceux qui étaient avec moi, me voyant blessé, leur fit prendre les armes, je fis tout ce que je pus pour parer leurs coups et veiller à ce que ce peuple ne reçoive aucun outrage. »

Après Wassy, en présence de la reine mère, il dut répondre aux attaques du duc Christophe de Wurtemberg, ancien auxiliaire des protestants révoltés : « Je ne puis m'empêcher de vous dire que vous êtes véhémentement soupçonnés d'avoir contribué à faire périr sous Henri II et depuis, plusieurs milliers de personnes qui ont été misérablement livrées à la mort à cause de leur foi. Comme ami et comme chrétien, je dois vous avertir : Gardez-vous du sang innocent ; les châtiments de Dieu vous atteindraient dans ce monde et dans l'autre. » Guise répondit : « Je vous le jure, au nom de Dieu mon créateur, en y engageant le salut de mon âme, je ne suis coupable de la mort d'aucun homme condamné pour cause de religion. » Wurtemberg acheva : « Alors je vous conjure, de ne plus persécuter les pauvres chrétiens de France. Dieu ne laisserait pas un tel péché sans châtiment. » L'heure du châtiment sonna onze mois plus tard pour le duc François de Guise. Le 18 février 1563, il paya de sa personne l'horreur de Wassy en tombant sous les coups mortels d'un ardent protestant du nom de Poltrot de Meré.

Cet assassinat ne devait pas suffire aux protestants. Ils prirent les armes, et débuta alors la première des huit guerres de Religion qui souillèrent la fin du XVIe siècle et dont le point culminant de l'horreur fut atteint le jour de la Saint-Barthélemy 1572.

18 janvier 1574

Le loup-garou de Dole est exécuté

En 1573, la ville de Dole vécut dans la terreur après que fut repéré, dans la campagne avoisinante, un loup-garou qui s'attaquait aux enfants pour les dépecer et les dévorer. La constatation de nombreuses victimes conduisit le Parlement à publier cette autorisation : « Sur l'avertissement fait à la cour souveraine du Parlement de Dole, que ès territoires d'Amange, Vriange, Châtenois, Romange et villages circonvoisins, se rencontrait souvent depuis quelque temps un loup-garou, lequel avait déjà pris et ravi plusieurs petits enfants sans que depuis ils aient été revus vivants : ladite cour, désirant obvier à de plus grands inconvénients, a permis aux manants et habitants des lieux, nonobstant les édits concernant la chasse, de pouvoir s'assembler avec épieux, hallebardes, piques, arquebuses et autres bâtons, pour chasser et poursuivre ledit loup-garou où ils le pourront trouver, et le prendre et occire sans encourir aucune peine et amende. »

Un homme fut bientôt arrêté. Il s'agissait de Gilles Garnier, originaire de Lyon, ancien ermite à la chapelle Saint-Bonnet, près d'Amange, à présent marié et demeurant à Dole.

Il confessa ses crimes. Il portait toujours, dit-il, le déguisement d'un loup lorsqu'il s'attaquait aux enfants. Il retirait simplement ses griffes et ses pattes pour rentrer chez lui et rapportait toujours à sa femme un bras ou une oreille à assaisonner.

Il fut condamné à périr sur le bûcher et fut exécuté le 18 janvier 1574.

1578
Baillou identifie la coqueluche

Le docteur Guillaume de Baillou, de la Faculté de médecine de Paris, était célèbre pour avoir réussi à faire la distinction entre la rougeole et la variole. En 1578, il repéra les symptômes d'un nouveau mal qui ravageait Paris et se caractérisait par de la fièvre, des vomissements et de la toux convulsive pouvant aller jusqu'à l'asphyxie. Cette toux, particulièrement rauque et accompagnée d'une inspiration au bruit semblable au « chant du coq » donna l'idée à Baillou de nommer cette maladie « coqueluche ». La légende a longtemps prétendu que ce nom provenait des capuchons, appelés « coqueluches », que portaient les malades pour tenir leur tête au chaud.

Baillou comprit également le mode de transmission de cette maladie. Mais il fut bien en peine de la guérir.

Face à cette affection mortelle, lui et ses confrères se trouvaient démunis. Les uns préconisaient aux coquelucheux de ne plus boire de vin, les autres préféraient employer la traditionnelle saignée et de la rhubarbe, d'autres encore recommandaient simplement le jeûne, le repos et la prière.

Ce n'est que quatre cents ans plus tard, au XXe siècle, que les médecins, après avoir fait des essais sur des singes et des chiens, trouveront des antibiotiques puis un vaccin pour soigner la coqueluche.

2 janvier 1585

Les Quarante-Cinq, garde rapprochée d'Henri III

Entre les huguenots et les princes qui pactisaient avec l'Espagnol, Henri III ne voyait plus dans son entourage que comploteurs et assassins. En fin d'année 1584, il engagea alors quarante-cinq Gascons et Languedociens, recrutés par ses favoris les ducs de Joyeuse et d'Épernon, chargés de le suivre partout où il se rendait. Cette garde rapprochée fut nommée « les Quarante-Cinq » ou les « cadets de Gascogne ». Tous étaient des gentilshommes de bonne noblesse choisis avec soin, que le duc d'Épernon payait sur une avance faite par le trésor royal. Leur capitaine était François de Montpezat, baron de Laugnac, l'un des premiers seigneurs de l'Agenais. Le 2 janvier 1585, Henri III leur fit prêter serment de ne « garder et ne reconnaître personne quel qu'il soit que lui seul, de quoi les gentilshommes de la chambre en sont jaloux et malcontents. » En effet, les courtisans les considéraient comme une troupe de contre-gentilshommes, dont la fonction était plus militaire que domestique et qui avaient le droit, à l'inverse d'eux, de pénétrer et de se tenir dans toutes les pièces où le roi se trouvait. En outre, ils ne les appréciaient pas parce qu'un grand nombre d'officiers de la maison du roi avaient été limogés à leur profit.

Les Quarante-Cinq, destinés tout spécialement à protéger Henri III, lui servaient également à remplir des missions de grande confiance. Il les utilisait encore pour éliminer ses ennemis, parmi lesquels le célèbre duc de Guise, assassiné le 23 décembre 1588 au château de Blois, pendant les états généraux. « Le duc de Guise, nous rappelle Jules Michelet, se mettant à table pour dîner, trouva sous sa serviette un billet dans lequel était écrit : « Donnez-vous de garde, on est sur le point de vous jouer un mauvais tour. » L'ayant lu, il écrivit au bas : on n'oserait, et il le rejeta sous la table. « Voilà, dit-il, le neuvième d'aujourd'hui. » Malgré ces avertissements, il persista à se rendre au conseil ; et comme il traversait la chambre où se tenaient les quarante-cinq gentilshommes ordinaires, il fut égorgé. »

1er août 1589

Henri III est assassiné… sur sa chaise percée

Après l'assassinat du duc de Guise, le 23 décembre 1588, Henri III écrivit au légat du pape qu'il était maintenant roi et résolu à ne plus souffrir ni injures ni violences. En fait, la Ligue catholique gardait la mainmise sur Paris, où elle répandait le désordre. Le conseil constitua un gouvernement révolutionnaire et prononça la déchéance d'Henri III, réputé « parjure, assassin, sacrilège, facteur d'hérésie, simoniaque, magicien, dissipateur du trésor public, ennemi de la patrie ».

Le roi n'eut plus d'autres ressources que se réconcilier avec Henri de Navarre, futur Henri IV. Mais l'exaltation demeurait à son comble, exhortant le fanatisme d'un jeune moine jacobin, Jacques Clément, décidé à répondre à un appel d'en haut.

Muni d'une fausse lettre de recommandation émanant du président de Harlay, il parvint à Saint-Cloud et obtint d'être présenté à Henri III.

Introduit le 1er août 1589, auprès du roi qui se trouvait sur sa « chaise percée », il prétendit avoir une communication privée à lui faire.

Henri éloigna ses écuyers et c'est alors que le jeune moine tira un couteau de sa manche pour le plonger dans la poitrine du souverain : « Mon Dieu, le méchant moine ! » dit le roi avant de s'écrouler. L'assassin fut aussitôt massacré.

Le lendemain, Henri III mourut après avoir eu le temps de recevoir le roi de Navarre et de le reconnaître pour son successeur.

25 juillet 1593

Paris vaut bien une messe !

En l'absence d'héritier, Henri III, en mourant, avait choisi Henri de Navarre pour lui succéder sur le trône. Celui-ci fut couronné et prit le nom d'Henri IV. Sa religion protestante l'empêchait cependant d'être reconnu roi par la majorité des Français. Par la déclaration du 4 août 1589, admettant que sa conversion pouvait seule lui mériter le trône de France, il fit le serment solennel de se faire instruire dans la religion catholique. Mais bientôt, il craignit de se voir abandonné par les protestants et se ravisa. Grégoire XIV fit alors afficher à Notre-Dame de Paris des bulles condamnant « ceux qui n'ont pas reçu la succession du royaume parce qu'ils ont abandonné la foi de leurs aïeux ».

Dans le même temps, le roi catholique Philippe II, ardent opposant aux huguenots, menaça de venir se faire proclamer protecteur du royaume et de poser la couronne sur la tête de sa fille Isabelle Claire Eugénie. À cela s'ajoutèrent les prétentions au trône des farouches Ligueurs catholiques conduits par le duc de Mayenne, frère du duc de Guise assassiné à Blois.

Devant cette triple menace, l'entourage d'Henri IV lui recommanda d'abjurer le protestantisme. S'il s'y résignait, il pourrait enfin aller se faire officiellement sacrer roi et rentrer dans Paris, mettant fin aux guerres de religion : « Sire, l'exhorta François d'O, seigneur de Fresnes, il ne faut plus tortignonner. Vous avez dans huit jours un roi élu en France, le parti des princes catholiques, le pape, le roi d'Espagne, l'empereur, le duc de Savoie et tout ce que vous aviez déjà d'ennemis sur les bras. Il vous faut soutenir tout cela avec vos misérables huguenots, si vous ne prenez une prompte et galante résolution d'ouïr une messe. » Henri de Navarre accepta en des termes probablement apocryphes mais qui répondaient à François d'O et, surtout, résumaient bien la situation : « Paris vaut bien une messe. » La première personne à laquelle il fit part de sa résolution d'abjurer fut sa maîtresse Gabrielle d'Estrées. Puis, le 25 juillet 1593, eut lieu la cérémonie d'abjuration, à la basilique Saint-Denis, devant l'archevêque de Bourges. Ainsi converti au catholicisme, Henri IV se fit sacrer une seconde fois, à Chartres, et mit fin aux guerres de Religion en signant le traité de Vervins et l'édit de Nantes.

22 février 1619
L'Évasion de Marie de Médicis

Avec sa femme Leonora Galigaï, Concino Concini exerçait un formidable empire sur l'esprit de la reine mère Marie de Médicis, qui, pour ses services rendus

au royaume, l'avait nommé marquis et maréchal de France. Face à cette influence qui empêchait Louis XIII de régner, le duc de Luynes conseilla le roi de faire assassiner Concini. Le 24 avril, alors que l'aventurier italien traversait le pont du Louvre, le capitaine des gardes, Vitry, l'accosta et le tua de trois balles de pistolet. Louis XIII déclara : « À cette heure je suis roi ! » Ce n'était pas tout à fait vrai. Sa mère, Marie de Médicis, pressée de gouverner à sa place, nouait de longue date intrigues et complots politiques contre sa personne. Il choisit de l'éloigner de la cour le 3 mai 1617 en l'assignant à résidence à Blois. Le château devint pour elle une véritable prison. On éloigna d'elle ses serviteurs dévoués, on l'environna d'espions qui livraient au duc de Luynes le secret de tous ses actes. Plusieurs de ses amis, enfermés à la Bastille, eurent toutes facilités pour lui écrire, mais leurs lettres, ainsi que les réponses de la reine mère où il était question de vœux et d'espoir de délivrance, étaient portées au favori.

En 1619, l'exilée ne put supporter le dernier affront de son fils, qui venait de marier sa sœur cadette, la princesse Christine, au prince de Piémont, sans même lui demander son consentement. En février, elle organisa son évasion avec l'abbé Ruccelaï. Le soir du 22, en dépit de la forte surveillance des abords du château, elle parvint à tromper la vigilance de ses gardiens et descendit une échelle de corde de quarante mètres le long de la façade du château, son coffret à bijoux sous le bras. « Des échelles furent dressées contre les hautes murailles du château de Blois. La reine se confia à celle qui, de sa fenêtre, descendait sur la terrasse du château, mais là, elle fut prise d'un vertige, et il fallut, pour lui faire atteindre le bas du rempart, l'envelopper dans un manteau et la faire glisser comme un paquet. Un carrosse l'attendait dans un faubourg voisin. »

Le lendemain, elle rejoignit le duc d'Épernon à Angoulême. Déconcerté par la nouvelle, Louis XIII réunit son Conseil au château de Saint-Germain-en-Laye et décida de lancer ses troupes contre le duc d'Épernon. Mais l'allié de Marie de Médicis, lieutenant général des armées, s'était déjà assuré de la fidélité de ses hommes et avait fui avec la reine mère.

Tous deux prirent la tête d'une révolte contre le roi, auquel le traité d'Angoulême mit fin. Si Marie de Médicis obtint le gouvernement de l'Anjou en échange de la Normandie, elle ne fut en revanche plus autorisée à siéger au Conseil. La rupture entre la mère et le fils était bel et bien consommée.

En 1631, elle fut à nouveau forcée à l'exil par le roi, sur les conseils appuyés de Richelieu, parce que son obstination à vouloir gouverner irritait le cardinal, son rival. Le 18 juillet, elle s'enfuit du château de Compiègne, comme elle l'avait fait douze ans plus tôt. Son salut passa par les Pays-Bas espagnols et, en hâte, elle franchit la frontière. Parvenue à Avesnes, elle informa de sa présence l'infante Claire-Isabelle, qui l'accueillit triomphalement. Elle put dicter ses conditions à son fils et négocier son retour. Elle refusa cependant le gouvernement d'Angers et fut contrainte de demeurer en exil.

Elle ne revit jamais la France et, après de longs séjours dans diverses cours d'Europe, acheva sa vie à Cologne, le 3 juillet 1642.

6 juillet 1626
Louis XIII crée un Jardin des plantes à Paris

Les progrès observés dans l'étude de la botanique en France depuis quelques années furent à l'origine du jardin du Roi de Paris.

En 1626, Guy de La Brosse, botaniste et médecin ordinaire de Louis XIII, adressa une supplique au roi dans laquelle il exposait son projet de créer un jardin d'herbes médicinales, autrement dit à vocation médicale, semblable à celui qui existait déjà à Montpellier depuis 1593. Par lettres patentes datées du 6 juillet 1626, le roi lui en accorda l'autorisation officielle et le chargea, lui et le botaniste Jean Héroard, d'acquérir un terrain.

Les deux hommes jetèrent leur dévolu sur vingt-quatre arpents de terre appartenant à l'abbaye Sainte-Geneviève, hors les murs de la ville. Ce terrain, situé au sud du faubourg Saint-Victor, alors utilisé comme décharge de détritus et de gravois, s'étendait jusqu'à l'endroit où la Bièvre est dérivée vers la Seine.

Le jardin prit le nom de *Jardin royal des plantes médicinales*. Son ouverture solennelle eut lieu en 1640. Charles Bouvard, premier médecin du roi, en fut nommé surintendant et reçut pour l'occasion un acacia d'Amérique importé en France en 1601.

Dès les premiers mois, les locaux, l'organisation des cours, le mode des désignations des professeurs, les matières enseignées furent l'objet d'incidents et de querelles qui opposèrent Héroard et La Brosse. Autant de mésententes, auxquelles se mêla la Faculté de médecine, qui ne cessèrent qu'à la mort de Guy de La Brosse, en 1641.

En 1693, Colbert engagea le médecin et botaniste Fagon, brillamment secondé par Antoine de Jussieu, pour relever le jardin du déclin qu'il connut après la mort de La Brosse.

Pendant la Révolution, après la longue surintendance de Buffon, le jardin fut rebaptisé *Jardin des plantes de Paris* et ses diverses installations formèrent le Muséum national d'Histoire naturelle.

7 novembre 1631
Mercure éclipse le Soleil

Pierre Gassendi était mathématicien, philosophe, théologien et astronome. On lui devait le terme d'« aurore boréale » donné à ce phénomène lumineux atmosphérique qu'il fut le premier à décrire scientifiquement. Il fut le critique d'Aristote et de Descartes, l'ami de Galilée et un passionné d'Épicure. À la fois rationnel et d'une foi ardente en Dieu, il adopta le phénoménalisme comme courant de pensée. Plus tard, sur son lit de mort, il déclarera : « Je suis sans savoir pourquoi. J'ai vécu sans savoir comment. Je meurs sans savoir pourquoi ni comment. »

Le 7 novembre 1631, selon la prédiction de Kepler dans son *Admonitio*, la planète Mercure éclipsa le Soleil. Depuis le logement d'un ami qu'il avait transformé en laboratoire astronomique, Gassendi s'apprêta à observer le phénomène grâce à une méthode qu'il avait mise au point. Il avait tendu derrière sa lunette un écran sur lequel se projetait l'image du Soleil. Il pouvait ainsi, en toute quiétude et sans aucun danger, étudier les taches solaires. Un assistant était chargé de prendre l'heure et de mesurer la hauteur du Soleil chaque fois que Gassendi frappait du pied sur le plancher. Lorsque, vers neuf heures, une éclaircie laissa paraître un point noir sur l'image de son écran, le savant tapa du talon pour connaître l'heure exacte et plongea dans ses calculs : il était dix heures vingt-huit. Grâce à la minutie de sa préparation, Gassendi venait d'être le premier à pouvoir observer Mercure, dont il fit la description de son passage devant le Soleil avant d'en percer les premiers secrets. Il signala la nouvelle de son succès à son ami Wilhelm Schickard : « Le rusé Mercure voulait passer sans être aperçu : il était entré dans le Soleil plus tôt qu'on ne s'y attendait ; mais il n'a pu échapper sans être découvert ; je l'ai trouvé et je l'ai vu, ce qui n'était arrivé à personne avant moi, le matin du 7 novembre 1631. »

Quatre ans plus tard, le 3 mars 1635, avec la collaboration de Nicolas Peiresc, il acheva le premier atlas lunaire. Son but avait été de rendre plus exact le calcul des longitudes de la Terre à partir des éclipses de Lune. Il avait placé et désigné avec précision les accidents de son relief, autant de points de repère pour les savants.

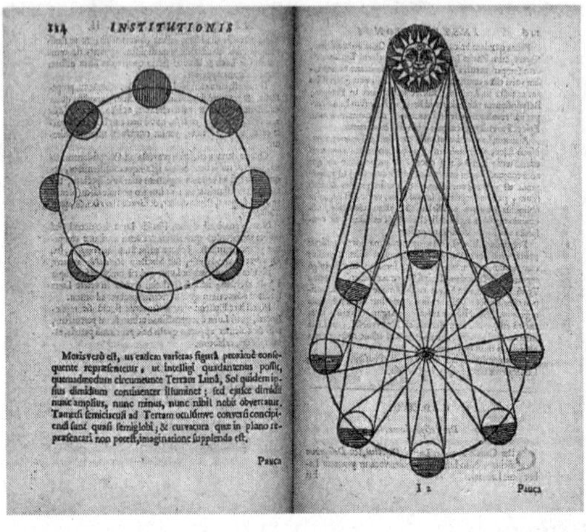

15 août 1634
Louis XIII inaugure le pavillon de chasse de Versailles

Dans cette région proche de la capitale, les broussailles brûlées avant d'être mises en culture se nommaient les « versails ». C'est ici, au milieu de ces bois, que Louis XIII, pour se délasser, venait traquer le cerf et le sanglier. Il logeait alors sur les terres de l'archevêque de Paris Jean-François de Gondi, acquises par la famille en 1575. En 1624, cet endroit bucolique étant devenu son lieu de prédilection, il y fit construire un manoir, au milieu d'une garenne achetée à Jean de Soisy, près du lieu-dit Versailles au Val de Gally. Huit ans plus tard, il donna l'ordre à Philibert Le Roy de l'agrandir en pavillon de chasse. L'architecte prit pour modèle le château des ducs de Savoie, à Turin, dont les plans, semble-t-il, furent volés et ramenés à Paris à son intention.

Le 15 août 1634, Louis XIII inaugura le pavillon, véritable château de briques et de pierres de taille orné à chaque endroit des couleurs des Bourbons. Tout autour courait un balcon décoré d'une balustrade en fer forgé. Les toits étaient recouverts d'or et les cheminées de bleu.

Après la mort de Louis XIII, en 1643, Versailles au Val de Gally s'était agrandi en un petit bourg d'un millier d'habitants. Quelques années plus tard éclata la Fronde, qui contraignit le jeune Louis XIV, accompagné de sa mère Anne d'Autriche, à quitter Paris. Cette idée de s'éloigner de la capitale le poursuivit jusqu'en 1662, année où il décida de faire construire le plus splendide de tous les châteaux du monde, tout près de ce qui s'appelait dès lors simplement Versailles.

19 mai 1637

La favorite de Louis XIII prend le voile pour échapper à Richelieu

Marie-Louise Motier de La Fayette entra à l'âge de dix-sept ans au service de la reine Anne d'Autriche en qualité de fille d'honneur. Louis XIII avait alors pour favorite Marie de Hautefort, trop intrigante aux yeux de Richelieu, qui entreprit de la détacher du roi en tentant avec succès de le rapprocher de Mlle de La Fayette. Mais bientôt le cardinal fut informé par le seigneur de Boissonval, premier valet de chambre du roi, que la jeune femme lui était hostile.

Lorsque le roi finit par installer Mlle de La Fayette dans un appartement du petit pavillon de chasse de Versailles, où il pouvait venir secrètement la retrouver, Richelieu comprit qu'il ne parviendrait pas à discréditer la nouvelle favorite dans l'estime royale.

Il utilisa alors Boissonval pour intercepter les lettres qu'elle échangeait avec son amant, et, non content de les lire à son gré, en substituait parfois d'autres afin de causer la discorde entre eux.

Mlle de La Fayette, voyant que son ennemi n'hésitait pas en outre à corrompre sa famille et ses familiers et à employer tous les artifices pour lui empoisonner la vie, résolut alors de prendre le voile. Louis XIII avoua à Richelieu : « Il est vrai que je l'aime et que je la tiens bien chère pour sa vertu, mais si Dieu l'appelle en religion, je n'y mettrai point d'empêchement. »

Le 19 mai 1637, Mlle de La Fayette partit pour le couvent de la Visitation de la rue Saint-Antoine, à Paris. Louis XIII pleura et parla de rentrer lui aussi dans les ordres.

À la cour comme à la ville, le départ de la favorite fit beaucoup parler. On en fut si ému que « tout Paris courait en foule au monastère de la rue Saint-Antoine pour y voir Mlle de La Fayette ». Le roi se rendit fréquemment au cloître.

Refusant d'entrer dans le couvent comme son droit royal l'y autorisait, il demeurait toujours à la grille du parloir pour y attendre la jeune femme. Leurs conversations duraient des heures, et personne ne pouvait entendre ce qu'ils se disaient.

Mlle de La Fayette adjura un matin le roi de se rapprocher de la reine. On affirma même que c'est suite à une visite, le 5 décembre 1637, que le couple royal conçut le futur Louis XIV, alors que Louis XIII n'était jusque-là jamais parvenu à rentrer dans le lit de son épouse.

L'ancienne favorite prononça ses vœux en fin d'année 1638 et prit le nom monastique de Louise-Angélique. En 1642, elle se vit confier la direction des novices. À compter de cette date, Louis XIII ne cessa de couvrir le couvent de la Visitation de présents et de bienfaits, jusqu'à la mort de sœur Louise-Angélique, en 1665.

1638
Scarron est paralysé après un bain dans la rivière

Le poète et épicurien débauché Paul Scarron était malade d'une tuberculose osseuse. Cela ne l'empêchait pas de rechercher la compagnie de joyeux drilles et de se divertir dans les mascarades. Pour le carnaval 1638, au Mans, sa ville natale, il se roula dans un lit de plumes après s'être enduit de miel, et divertit la foule en imitant le cri du coq. Il courait après les passants, qui le poursuivaient à leur tour.

C'est lors d'une de ces poursuites qu'il plongea dans l'eau glacée de la Sarthe. Les chroniques disent qu'il s'était dévêtu et qu'il se plut à demeurer nu dans l'eau. Sa tuberculose dégénéra en hypothermie foudroyante qui le frappa de paralysie.

Jusqu'à la fin de ses jours, il resta affreusement tordu, cul-de-jatte, la poitrine concave, grimaçant, immobilisé dans « une chaire à bras », le fauteuil roulant de l'époque. Il s'enivrait d'opium pour tenter de soulager son martyre. « Il n'a de mouvement libre, écrivit Tallemant des Réaux, que celui des doigts, dont il tient un petit bâton pour se gratter ; vous pouvez croire qu'il n'est pas autrement ajusté en galant. Cela ne l'empêche pas de bouffonner, quoiqu'il ne soit quasi jamais sans douleur, et c'est peut-être une des merveilles de notre siècle, qu'un homme en cet état-là et pauvre puisse rire comme il fait. »

Il fut le premier époux de Françoise d'Aubigné, future Madame de Maintenon, qui s'occupa de lui avec un dévouement exemplaire. Il se décrivit ainsi : « Je ne suis qu'un magasin de douleurs », et ajouta dans une épître : « J'ai eu la taille bien faite, quoique petite ; ma maladie l'a raccourcie d'un bon pied. Ma tête est un peu grosse pour ma taille. J'ai le visage assez plein pour avoir le corps décharné. Mes jambes et mes cuisses ont fait d'abord un angle obtus, et puis un angle égal, et enfin un aigu ; mes cuisses et mon corps en font un autre, et ma tête se penchant sur mon estomac, je ressemble pas mal à un Z. J'ai les bras raccourcis aussi bien que les jambes ; enfin, je suis un raccourci de la misère humaine. Voilà à peu près comme je suis fait. »

4 septembre 1649
Charles Houël achète la Guadeloupe

La France colonisa la Guadeloupe en 1635. Les colons s'organisèrent rapidement et étendirent leurs actions en créant notamment la Compagnie des îles d'Amérique. En 1647, au terme de nombreux raids indiens sur les Antilles, la compagnie périclita. Ses associés, qui devaient verser des contributions de plus en plus énormes pour subvenir aux constructions des ports et des forteresses des Antilles, se retrouvèrent dans l'impossibilité de payer des troupes pour repousser les Indiens.

Le 1er août, ils choisirent de vendre d'abord l'île Saint-Christophe puis, par la suite, toutes les îles. L'ancien gouverneur de la Guadeloupe, Charles Houël du Petit Pré, qui avait fondé Basse-Terre en 1643, se porta acquéreur de cette île qu'il connaissait si bien ainsi que de ses dépendances.

Le 4 septembre 1649, devant les notaires Oger et Morel, les associés de la Compagnie des îles d'Amérique signèrent l'acte de vente avec Houël et son beau-frère Boisseret d'Herblay.

Les deux hommes rentrèrent ainsi en possession de la Guadeloupe, de la Désirade, des Saintes et de Marie-Galante pour 60 000 livres de pétun. Boisseret d'Herblay se réserva le nord-ouest de la Guadeloupe, et Houël tout le reste de l'île.

Houël racheta également, pour 11 500 livres, tous les biens mobiliers de la Compagnie des îles d'Amérique et implanta cette dernière en Guadeloupe. À sa mort, en 1664, Colbert devait la dissoudre et rétablir l'autorité royale en Guadeloupe. Il fit racheter l'île et ses dépendances par la Compagnie des Indes occidentales et la rattacha définitivement à la couronne de France en 1674.

1653
Cathau la Borgnesse prend le pucelage de Louis XIV

Petite, laide, grosse, borgne, Catherine-Henriette Bellier, baronne de Beauvais, surnommée Cathau la Borgnesse, devint dame de compagnie de la mère de Louis XIV, Anne d'Autriche. On prétend qu'en 1653 cette dernière la désigna pour déniaiser le roi, alors âgé de quinze ans. Cathau avait presque vingt-cinq ans de plus que lui et s'acquitta de cette tâche un jour où il sortait de son bain : « C'est elle, nous dit Primi Visconti, qui a eu la virginité du Roi alors qu'il était tout jeune ; une fois qu'il sortait du bain, elle lui donna sa première leçon d'amour.

Aussi, quand le Roi la voit maintenant, il ne peut s'empêcher de rire. » La Porte, valet de chambre de Louis XIV, ajoute : « Le jour de la Saint-Jean de la même année 1653, le roi ayant dîné chez Son Éminence [Mazarin] et étant demeuré avec lui jusque vers les 7 heures du soir, il m'envoya dire qu'il se voulait baigner ; son bain étant prêt, il arriva tout triste, et j'en connus le sujet sans qu'il fût nécessaire qu'il me le dît ; la chose était si terrible qu'elle me mit dans la plus grande peine où j'ai jamais été, et je demeurai cinq jours à balancer ; mais considérant qu'il y allait de mon bonheur et de ma conscience de ne pas prévenir, par un avertissement, de semblables accidents, je la lui dis enfin [à la reine], ce dont elle fut d'abord satisfaite, et me dit que je ne lui avais jamais rendu un si grand service. » Quelques jours après s'être fait prendre son pucelage par Cathau la Borgnesse, le jeune roi fut étrangement atteint d'une « tumeur squirreuse au sein droit et des dartres par tout le corps ». C'était le résulta de son contact charnel avec Cathau. Le médecin Vallot put l'en guérir grâce à un emplâtre de son invention.

C'est après cet apprentissage de l'amour que Louis XIV aurait été gagné par sa passion légendaire pour les femmes : « Il poussait la galanterie jusqu'à la débauche, écrit la Princesse Palatine ; tout lui était bon pourvu que ce fussent des dames, les paysannes, les filles de jardiniers, les femmes de chambre, les dames de qualité ; elles n'avaient qu'à faire semblant d'être amoureuses de lui. » D'autres assurent que, par la suite, Cathau la Borgnesse vint à plusieurs reprises rejoindre le roi dans son lit. Le chansonnier Maurepas confie même que « tout affreuse qu'elle était, ce prince étant fort jeune, elle lui mit un jour la main dans les chausses, l'ayant trouvé seul à l'écart dans le Louvre où, pour ainsi dire, elle le viola, ou du moins le surprit, en telle sorte qu'elle obtint ce qu'elle désirait, le feu de la jeunesse ayant empêché le prince de réfléchir sur ce qu'il faisait. »

Toujours est-il qu'en 1654, en récompense de ses bons services rendus, Anne d'Autriche versa à Cathau une pension qui lui permit de se rendre propriétaire du bâtiment de l'abbaye de Chaalis ainsi que d'un hôtel pour son fils, à l'entrée de la rue de Grenelle.

Cathau reçut également de la reine un terrain situé au faubourg Saint-Antoine. Elle mourut en 1690. En 1716, la Princesse Palatine, l'ayant connue à son arrivée en France, assura que Cathau avait été la première à avoir appris au roi Louis XV, encore enfant, « comment il faut agir avec les dames ; elle était bien au fait de la chose, car elle a mené une vie déréglée. »

En 1724, l'arrière-petit-fils de Louis XIV, Louis XV, faillit subir le même « sort ». Sa mère Marie-Adélaïde de Savoie chargea la marquise de La Vrillère de choisir dix-sept jeunes femmes pour accompagner le roi à Chantilly dans une partie de chasse. Louis XV avait alors quatorze ans.

Le 30 juillet, il arriva à Chantilly avec sa suite de jeunes femmes et la marquise de La Vrillère, qui les avait soigneusement choisies pour leur beauté. La marquise organisa des jeux champêtres au cours desquels les ravissantes personnes s'efforcèrent d'entraîner le roi dans un buisson.

Mais malgré tout leur talent, aucune d'elles ne parvint à accomplir sa mission. Louis XV revint aussi ignorant qu'il était parti.

Le bruit courut bientôt, que, devant l'échec de ses dix-sept élues, la marquise, malgré son grand âge, se serait dévouée et serait parvenue à dépuceler le roi.

Des vers circulèrent alors dans Paris :

À la fin notre jeune roi
S'est soumis à la douce loi
Du dieu qu'on adore à Cythère.
De dix-sept bêtes qu'il courut
Quoique toutes fussent en rut,
Il n'a choisi qu'une grand-mère.

13 avril 1655
L'État, c'est moi !

Le 13 avril 1655, devant la résistance des magistrats du Parlement de Paris, décidés à ne pas entériner différents édits destinés à faire rentrer de l'argent dans les caisses de l'État, Louis XIV, sous l'impulsion de Mazarin, qui voulait éviter une seconde Fronde, s'adressa au président du Parlement en ces termes : « Chacun sait combien ces assemblées ont excité de troubles dans mon État et combien de dangereux effets elles y ont produit. J'ai appris que vous prétendiez encore les continuer sous prétexte de délibérer sur les édits qui naguère ont été lus et publiés en ma présence. Je suis venu tout exprès pour en défendre la continuation, et à vous, monsieur le premier président, de les souffrir ni de les accorder. » On prétend que Louis XIV acheva par : « L'État, c'est moi. » En 1844, l'historien M. A. Bazin sembla vouloir suggérer cette courte citation, aussi apocryphe que célèbre, en situant l'événement quelques années plus tard, après la mort de Mazarin en 1661, et en faisant dire au roi : « Messieurs, je vous ai fait assembler pour vous dire que jusqu'à présent j'ai bien voulu laisser gouverner mes affaires par feu M. le cardinal, mais que, dorénavant, j'entends les gouverner moi-même ; vous m'aiderez de vos conseils quand je vous les demanderai. » Autrement dit : « L'État, c'est moi. »

28 mai 1659

Le chocolat rend tout le monde fou...

Charles Quint fut le premier prince d'Europe à goûter aux fèves de cacao, après qu'Hernán Cortés, en 1528, lui en ait envoyé une cargaison du Mexique. L'Espagne, où régnait l'empereur, en raffola, et c'est Anne d'Autriche qui lui fit franchir les Pyrénées en 1615, lorsqu'elle vint épouser Louis XIII.

Le cacao donna naissance à une boisson chocolatée que l'on consomma surtout à la cour ou dans les monastères. À Paris, peu après 1650, un officier de la reine originaire de Toulouse, David Chaillou, commença à en faire commerce rue de l'arbre sec auprès de quelques médecins et marchands d'épices.

Louis XIV appréciait peu ce breuvage, qu'il qualifiait de « ragoût espagnol » et qui, selon lui, « trompe la faim mais ne remplit pas l'estomac. »

Cependant, par lettre patente du 28 mai 1659, il accorda à Chaillou « le privilège exclusif de faire, vendre et

débiter une certaine composition se nommant chocolat ». Le chocolat était alors en pleine vogue et n'était plus le brouet aztèque, mélange de cacao, de maïs et de piment que l'on avait pu connaître quelques années plus tôt. La recette, adaptée au goût européen, consistait à délayer le cacao dans de l'eau puis de le faire mousser avec un bâtonnet. Pour en bannir l'amertume, certains rajoutaient du miel ou du poivre, tandis que d'autres remplaçaient l'eau par du lait, ce qui lui donnait une saveur onctueuse.

Avec Chaillou, le chocolat entra peu à peu dans les salons et se répandit en province. La marquise de Sévigné s'en déclarait folle : « J'ai voulu me raccommoder avec le chocolat, écrivit-elle à sa fille ; j'en pris avant-hier pour digérer mon dîner, afin de bien souper, et j'en pris hier pour me nourrir, afin de jeûner jusqu'au soir : il m'a fait tous les effets que je voulais ; voilà de quoi je le trouve plaisant, c'est qu'il agit selon l'intention… Vous ne vous portez point bien, vous n'avez point dormi : le chocolat vous remettra. »

9 mars 1661

L'haleine de Mazarin mourant est une infection

En début d'année 1661, Mazarin, à l'approche de la mort, et conscient de l'incroyable richesse qu'il allait laisser, contempla pour l'une des dernières fois les collections de sa prodigieuse bibliothèque.

Il adressa ce fameux mot au comte de Brienne, son secrétaire d'État aux Affaires étrangères : « Voyez-vous ces beaux tableaux du Corrège et du Titien. Hélas, il faut quitter tout cela. Adieu, chers tableaux. Je ne les verrai plus où je vais. »

Sa fortune s'élevait à près de quarante millions de livres tournois, l'équivalent du revenu annuel de l'État. Encore avait-il pour débiteurs le roi d'Angleterre, qui lui devait 660 000 livres, la reine de Pologne, 300 000, ou encore Christine de Suède, 55 000 livres. Il voulut abandonner sa fortune à Louis XIV, qui eut la générosité de refuser cette restitution sous forme de legs.

Fin février, sa mauvaise santé inquiéta son entourage. Il se fit transporter à Vincennes, où résidait alors la cour. Il entra en agonie début mars.

Son estomac gangrené lui faisait exhaler une odeur foudroyante qui soulevait le cœur des courtisans venus le visiter. « Quelle haleine, grands dieux ! devait écrire plus tard Fouquet, la gueule de l'enfer ne saurait être plus puante. » On disait que l'on gardait cette odeur sur les vêtements et que l'on devait se changer avant de passer à table pour ne pas défaillir.

Tout le monde y passa, même le roi Louis XIV, que le cardinal demanda à son chevet pour lui suggérer de gouverner seul à l'avenir.

Après quelques jours de souffrances causées par une hydropisie de poitrine, il mourut dans la nuit du 8 au 9 mars.

3 avril 1667

Colbert met fin aux cours des Miracles

Du XIV au XVIIe siècle, Paris compta des dizaines de cours des Miracles, cachées au milieu d'inextricables ruelles où même les patrouilles craignaient de s'aventurer. Vagabonds, voleurs, meurtriers, pilleurs de troncs d'église, prostituées y mendiaient sous les déguisements divers de manchots, d'aveugles ou de cul-de-jatte. Lorsque le soir tombait sur la capitale, tous regagnaient leurs repaires, délaissant pour une nuit emplâtres et béquilles, recouvrant ainsi la santé par miracle, d'où le nom de ces cours.

De nombreuses mesures furent prises pour tenter de disperser ces rassemblements de malfaiteurs. Ce fut toujours en vain. En nommant Nicolas de La Reynie lieutenant général de la police, Colbert, en 1667, parvint à faire disparaître pour de bon les cours des Miracles.

Sur son ordonnance datée du 3 avril, La Reynie, qui devait plus tard se montrait si efficace dans la fameuse affaire des Poisons, ferma une nuit tous les accès aux cours des Miracles. Le lendemain, il arrêta les faux infirmes qui venaient y reprendre leurs places et les fit jeter dans les prisons de la capitale. Ces lieux sordides ne devaient plus jamais réapparaître.

17 février 1673

Le plus beau rôle de Molière

Le 17 février 1673, sur la scène du Palais-Royal, eut lieu la quatrième représentation du *Malade imaginaire* de Molière. Molière interprétait le rôle de l'hypocondriaque Argan. Ce soir-là, le vrai malade ce fut lui. Le visage soudain congestionné, il ne put articuler les derniers mots de sa réplique. Pris d'une toux convulsive, il s'esquiva péniblement en coulisse. L'acteur Baron le raccompagna chez lui, rue de Richelieu, tandis qu'il vomissait du sang. À dix heures du soir, lorsqu'un prêtre accepta de se déplacer pour le confesser, le comédien venait de mourir, au milieu des religieuses venues lui prodiguer les premiers soins. Le médecin Bernier vint reconnaître le décès. Bernier n'aimait pas Molière, peut-être à cause de tout le mal qu'il avait fait à sa profession en pastichant médecins, chirurgiens et apothicaires. Observant la dépouille sur son lit, il dit : « Monsieur Poquelin, vous êtes ici dans votre meilleur rôle. »

S'il s'était confessé, Molière n'avait en revanche pas reçu l'ultime sacrement. Le curé de Saint-Eustache lui refusa donc la sépulture. Armande Béjart dut intervenir auprès de Louis XIV pour que son époux excommunié puisse avoir droit à des obsèques religieuses. L'archevêque de Paris donna son autorisation pour qu'il soit inhumé en sol chrétien mais « sans aucune pompe, avec deux prêtres seulement et hors des heures du jour ». Molière fut enterré le 21 février au cimetière Saint-Joseph dans une quasi-clandestinité.

En 1804, lorsque Napoléon ouvrit le cimetière du Père-Lachaise, il voulut, pour attirer les visiteurs, que l'on fasse une véritable réclame. Il ordonna que les ossements des plus grands personnages du passé y soient transférés.

On partit exhumer les restes de Molière, de La Fontaine et même d'Abélard. Mais parmi tous les ossements, on ne put naturellement savoir qu'elles étaient ceux du créateur du *Malade imaginaire*.

Des dépouilles furent extraites de leurs fosses au hasard, et les promeneurs du Père-Lachaise, aujourd'hui encore, restent persuadés que l'homme qui repose aux côtés de son ami La Fontaine, et dont le nom est gravé en lettres de bronze sur l'urne qui l'a recueilli, est bien Molière.

11 août 1674

On veut enlever Louis XIV !

Le chevalier Louis de Rohan Guéméné s'était vu disgracié et privé de sa charge de Grand veneur au lendemain de sa compromission dans la fuite de Marie Mancini, maîtresse de Louis XIV, qu'il avait enlevée. Cet ami d'enfance du roi ne cessa par la suite d'accumuler les dettes de jeux au point de se trouver au bord de la ruine. C'est à cette époque qu'il imagina d'ourdir un complot contre le roi qui lui rapporterait gros. Son projet ne manquait ni d'audace, ni d'ambition : il s'agissait d'enlever Louis XIV et le dauphin, puis de faire débarquer les Hollandais en Normandie. Soutenus par le peuple en armes, les conspirateurs n'auraient plus qu'à fonder un État populaire basé sur le modèle hollandais. Le pouvoir en serait confié à la Hollande et gouverné par un Conseil militaire et un Conseil civil élus. En échange de ce service rendu à la Hollande, Rohan demanderait d'énormes sommes d'argent.

Restait à trouver les conspirateurs. Au printemps 1674, Louis de Rohan se tourna vers un officier normand, Gilles du Hamel de Latréaumont, qui lui présenta son neveu Guillaume Duchesne, chevalier des Préaux, la marquise Anne Sarau de Villars, dont les relations avec plusieurs hobereaux normands étaient précieuses, et un ex-jésuite de soixante-treize ans, originaire d'Anvers, philosophe, ancien maître de Spinoza, du nom de François-Affinius Van den Enden.

Par le biais de Van den Enden, installé à Bruxelles, les conjurés entrèrent en contact avec la Hollande, à laquelle ils proposèrent de livrer la ville de Quillebeuf, en Normandie. Ils s'accordèrent pour semer l'agitation dans toute la région, où le climat était favorable à la révolte en raison des impôts qu'on y prélevait pour la conquête de la Franche-Comté. Des conciliabules se succédèrent au faubourg de Picpus, dans la demeure de Van den Enden, l'Hôtel des Muses, occupé en son absence par les autres conspirateurs qui cherchaient dans le même temps le moyen d'enlever le roi.

Non loin de là logeait un élève en philosophie de Van den Enden, du nom de du Cause de Nazelles. Intrigué par les nombreux visiteurs qui défilaient à l'Hôtel des Muses, celui-ci alerta Louvois, ministre des Affaires étrangères. « Cette démarche coïncidait fort à propos avec des avis reçus d'Angleterre, et par lesquels on avertissait le roi de se tenir sur ses gardes, parce qu'il se tramait quelque chose en France ; le marquis de Seignelay, d'autre part, était informé que la flotte hollandaise croisait depuis quelques jours sur la côte normande ; enfin on apprenait qu'un tailleur de Paris venait de recevoir d'un seigneur inconnu la commande de cinq cent cinquante habits de gardes du corps qu'il devait lui livrer prochainement. »

En juillet, les conspirateurs quittèrent Picpus pour s'établir à Rouen, où ils s'apprêtaient à tout mettre en place pour le débarquement des Hollandais. Dès lors, leurs préparatifs furent suivis de près. Le duc de Roquelaure en Normandie, le lieutenant général Beuvron en Haute-Normandie, le duc de Chaulnes en Bretagne, et le duc de Navailles en Aunis, surveillèrent les mouvements des conjurés.

Les preuves de l'existence du complot furent apportées le 11 août 1674, jour de la bataille de Seneffe, qui opposa l'armée française du prince de Condé à celle de Guillaume d'Orange, stathouder de Hollande. Au milieu du butin, on trouva une cassette contenant le relevé des sommes versées par les Hollandais à Rohan et à Latréaumont. Le 10 septembre, Louis XIV ordonna alors l'arrestation des conjurés.

Le 11, revenu à Versailles, Rohan fut appréhendé dans la chapelle du château. Le 12, Latréaumont fut tué à Rouen, à l'auberge des Uniques, alors qu'il tentait de fuir.

Le 13, Van den Enden était arrêté à son tour. Jusqu'au 16 octobre, les opérations de police, menées par Brissac et La Reynie, se poursuivirent. Le chevalier des Préaux, deux de ses frères et la marquise de Villars furent notamment conduits à la Bastille, où les attendait Rohan. Ils furent décapités en novembre, à l'issue d'un procès expéditif, tandis que François-Affinius Van den Enden était pendu.

Cette affaire suscita une certaine émotion. On connaissait la vie aventureuse de Rohan, fils de la princesse de Guémené. Les chroniques galantes lui prêtaient maintes intrigues, de la marquise de Montespan à Mademoiselle Duparc, maîtresse de Racine, qu'il avait voulu épouser malgré sa famille. La malignité publique ne manqua pas de l'accuser d'avoir ourdi ce complot pour se venger de Louis XIV, qui, autrefois, l'avait souvent battu au jeu. Ce fut entre autres l'avis de La Fare, qui écrivit dans ses *Mémoires* : « C'était du temps du cardinal Mazarin ; on jouait gros jeu dans son entourage. Le chevalier de Rohan, après avoir beaucoup perdu, se trouva devoir au roi une grosse somme, qui, d'après les conventions, devait être payée en louis d'or : Rohan versa en effet sept ou huit cents louis et, se trouvant à court, compléta la somme due par une centaine de pistoles d'Espagne. Le roi refusa de les recevoir, en disant qu'il lui fallait des louis ; alors le chevalier de Rohan prit brusquement les pistoles et les jeta par la fenêtre en s'écriant : "Puisque Votre Majesté ne les veut pas, elles ne sont bonnes à rien."

Le roi se plaignit au cardinal Mazarin de cette insolence, et le cardinal lui aurait répondu : "Sire, le chevalier de Rohan a joué en roi et vous en chevalier de Rohan." »

Cet épisode aurait eu pour effet de le perdre complètement dans l'esprit du roi.

22 octobre 1680

Naissance de la Comédie-Française

À la mort de Molière, en 1673, l'hôtel de Guénégaud, se retrouvant sans chef de troupe, dut quitter le Palais-Royal.

En 1680, ce fut au tour de l'hôtel de Bourgogne de devenir orphelin de leur maître La Thorillière. Par lettres patentes datées du 22 octobre 1680, Louis XIV créa alors une nouvelle compagnie théâtrale qui réunit les deux troupes : ce fut la Comédie-Française. Les comédiens qu'elle pensionnait furent les seuls de Paris à se voir autorisés à jouer en français.

La Comédie-Française s'installa à l'Hôtel de Guénégaud et fut dotée d'une rente annuelle de 12 000 livres, que les vingt-sept comédiens augmentèrent de leur contribution particulière en l'échange de la cession d'une part de la compagnie. Les « comédiens français » débutèrent avec un répertoire de 3 000 pièces. Plusieurs fois dissoute, plusieurs fois expulsée de son théâtre au rythme des événements politiques, la troupe s'établit définitivement en 1799 au théâtre du Palais-Royal, alors appelé théâtre des Variétés amusantes. Ils y jouèrent dans la Salle Richelieu, construite par l'architecte Victor Louis.

En septembre 1812, Napoléon, qui venait d'entrer dans Moscou en feu, commença à rédiger le décret qui conférait à la Comédie-Française son statut d'association de comédiens, unissant des sociétaires, des pensionnaires et des élèves, sous la direction d'un administrateur nommé par le gouvernement.

Ce « décret de Moscou », signé le 15 octobre, est encore en vigueur.

6 mai 1682
Versailles devient la capitale du royaume

Versailles devint la capitale du royaume et le nouveau siège du gouvernement, lorsque plus de vingt ans après sa décision d'en faire sa résidence, Louis XIV, le 6 mai 1682, abandonna Saint-Cloud pour l'ancien pavillon de chasse de Louis XIII.

Celui-ci était à présent le plus grand château du monde mais n'était cependant pas encore achevé. La cour emménagea en partie dans des résidences de la ville, en partie dans les appartements de l'aile des Ministres et de l'aile du Midi, parfois au beau milieu des échafaudages et des gravats.

Maçons, peintres, jardiniers, terrassiers et ébénistes continuaient à travailler sur le chantier : « Madame la Dauphine, écrivit le marquis de Sourches, fut obligée de changer d'appartement le second jour qu'elle fut arrivée, parce que le bruit l'empêchait de dormir. » Les courtisans les plus riches envisageaient toutefois de se faire bâtir des hôtels dans les environs de la ville, à Sceaux, Meudon ou Chaville, tandis que le roi projetait de nouveaux agrandissements pour son château. Il voulait déjà déplacer l'Orangerie, démolir la grotte de Thétis, reconstruire la chapelle, ajouter une aile au nord afin d'y loger du monde et des bâtiments pour abriter ses nombreux services administratifs. Colbert, de son côté, ne savait plus sur quelles recettes compter pour financer les fastes architecturaux de son souverain.

En se fixant à Versailles, Louis XIV mettait un terme à l'errance ancestrale de la cour de France, qui, à l'arrivée des beaux jours, avait pris l'habitude de voyager de château en château. En outre, ce n'était plus le roi qui aller se déplacer vers ses sujets, mais l'inverse. Le peuple graviterait autour du Soleil.

Il protégeait ainsi sa personne des humeurs de la foule parisienne et de la noblesse frondeuse, telle que celle qu'il avait connue dans sa première jeunesse, sous Mazarin.

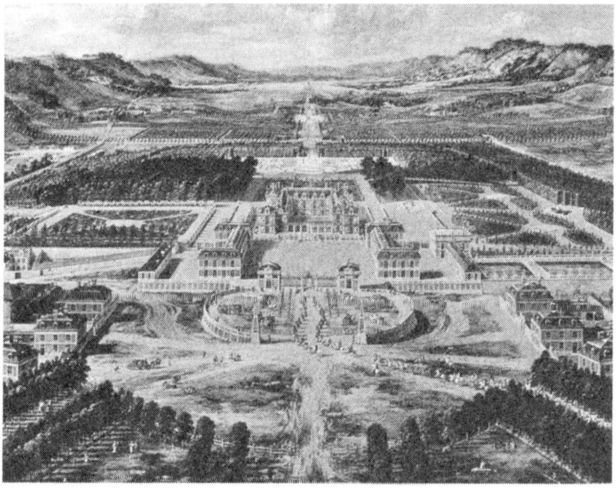

30 septembre 1695

La fille noire de Louis XIV rentre au couvent

Le 16 novembre 1664 naquit Marie-Anne de France, troisième enfant de Louis XIV et de Marie-Thérèse. Les médecins signalèrent qu'elle était née « noire comme de l'encre de la tête aux pieds », ce qui ne signifiait rien d'autre qu'elle avait la peau violacée due, expliquèrent-ils, au difficile accouchement de la reine. Il n'en fallut pas

davantage pour que les courtisans s'écrient que Marie-Anne était un monstre noir et velu comme une bête sauvage. Des légendes, surtout, firent bientôt leur apparition. L'une prétendait que le roi, réputé pour ses infidélités, avait fauté avec une Africaine ; l'autre, que la princesse était le fruit des amours de Marie-Thérèse avec l'un de ses pages, un négrillon nommé Nabo, ramené des côtes barbaresques en 1663 par le duc de Beaufort, petit-fils naturel de Henri IV. La reine aurait entretenu cette liaison pour se venger de son royal époux, dont elle ne supportait pas la présence à la cour de sa maîtresse Louise de La Vallière. Une autre fable certifiait que les simples regards du négrillon Nabo sur sa maîtresse pendant toute sa grossesse avaient suffi à la reine pour mettre au monde cette princesse noire. Un médecin de la cour l'aurait lui-même expliqué au roi, qui lui aurait répliqué : « Vous me parlez là de regards bien pénétrants. » Monsieur, frère du roi, aurait trouvé à l'enfant un air de ressemblance avec « le petit maure qui ne quittait pas sa Majesté ».

Les rumeurs cessèrent dès le 26 décembre suivant, lorsque mourut Marie-Anne, un peu plus d'un mois seulement après sa naissance.

En 1695, une certaine Louise-Marie-Thérèse, femme de couleur noire, entra dans les ordres et prononça ses vœux au couvent des bénédictines de Moret-sur-Loing le 30 septembre de la même année. Elle prétendit être la fille de Louis XIV et de Marie-Thérèse, née le 16 no-

vembre 1664 sous le nom de Marie-Anne de France. Selon elle, elle était la princesse, et on l'avait fait passer pour morte un mois après sa naissance. Voltaire affirma avoir vu Louise Marie-Thérèse avec l'intendant des finances Caumartin. Il écrivit : « On soupçonna, avec beaucoup de vraisemblance, une religieuse de l'abbaye de Moret d'être la fille de Louis XIV. Elle était extrêmement basanée, et d'ailleurs lui ressemblait. Le roi lui donna vingt mille écus de dot, en la plaçant dans ce couvent. L'opinion qu'elle avait de sa naissance lui donnait un orgueil dont ses supérieures se plaignirent. Madame de Maintenon, dans un voyage de Fontainebleau, alla au couvent de Moret ; et voulant inspirer plus de modestie à cette religieuse, elle fit ce qu'elle put pour lui ôter l'idée qui nourrissait sa fierté. “Madame, lui dit cette personne, la peine que prend une dame de votre élévation, de venir exprès ici me dire que je ne suis pas fille du roi, me persuade que je le suis.” »

Louise Marie-Thérèse, qui, pour souligner sa haute naissance, signait toujours Marie-Louise de Sainte-Thérèse, vanta en effet toute sa vie son sang royal. Sa Mère supérieure raconta même qu'un jour, voyant le Dauphin près du couvent, la religieuse lui dit : « Tenez, voici à l'instant mon frère qui chasse. » La nouvelle se répandit rapidement et, – est-ce une légende de plus ? – elle eut jusqu'à sa mort, vers 1732, la visite régulière des plus hauts personnages de l'État. Le tableau d'un peintre anonyme, intitulé *La Religieuse noire dite la Mauresse*, devait même la représenter, quelques années plus tard. Avant d'être confié à la bibliothèque Sainte-Geneviève de Paris, il demeura longtemps suspendu au couvent de Moret.

1705
Louis XIV
FAIT ADOPTER LA FOURCHETTE

Apparue en Europe et plus précisément en Italie au XIe siècle lors du mariage du doge de Venise Domenico Selvo avec la princesse Théodora Doukas, la fourchette, probablement d'origine byzantine, n'était alors utilisée que pour manger des fruits cuits et pour retourner les viandes dans les fours. En 1574, de retour de Pologne, où il venait d'être élu roi, Henri III séjourna à la cour de Venise, où il découvrit la fourchette.

Il l'introduisit en France et la rendit quelque temps à la mode en l'utilisant dans son restaurant parisien favori, l'Hostellerie de la Tour d'Argent. La fourchette disparut des tables jusqu'au règne de Louis XIV, qui exigea qu'elle soit à table. Cependant, les douleurs que lui provoquaient ses dents gâtées et son trou dans le palais le contraignaient à manger avec les doigts, et la fourchette à table ne resta que purement décorative. Ce n'est qu'en 1705, à la fin de sa vie, qu'il la fit adopter à la cour.

30 janvier 1710
La seringue d'Anel

Ancien élève du Premier chirurgien du roi Georges Mareschal, Dominique Anel se distingua alors qu'il était chirurgien-major aux armées de Louis XIV en inventant un instrument capable de faire des injections sur un corps humain, de « sucer les plaies, écrivit-il dans l'un de ses mémoires, sans se servir de la bouche d'un homme ».

Il s'agissait de la première seringue. Elle était mue par un piston coulissant et permettait de recevoir une sonde ou une aiguille.

Des injections sur des malades avaient déjà été réalisées dans l'antiquité égyptienne et gréco-romaine, où les praticiens utilisaient une vessie-réservoir reliée à une tige creuse faite généralement en roseau ou en os.

Mais ce procédé était uniquement employé pour faire des lavements. La seringue mise au point par Anel réalisait de véritables intraveineuses.

Anel l'utilisa pour la première fois en Italie le 30 janvier 1710 sur l'abbé Fieschi, neveu de l'archevêque de Gênes, atteint d'une double fistule lacrymale. Avec sa seringue, Anel injecta à son patient diverses préparations dans le conduit nasal.

Trois ans plus tard, à Turin, en utilisant une aiguille plus fine, il guérit de la même manière la duchesse de Savoie-Nemours, arrière-petite-fille d'Henri IV, qui le gratifia d'une pension et le nomma son chirurgien ordinaire. L'efficacité de la seringue fut cependant contestée par un médecin génois, Francesco Signorotti. Il fallut l'intervention de l'Académie des sciences pour mettre fin à la querelle en se déclarant en faveur d'Anel.

En 1714, Anel décrivit sa méthode opérationnelle dans son traité *Observation singulière sur la fistule lacrymale,* qui lui valut la reconnaissance des ophtalmologistes les plus distingués de son temps.

La seringue dite d'Anel fut par la suite perfectionnée à plusieurs reprises, en particulier par le chirurgien français Charles Gabriel Pravaz, en 1841, et le physicien écossais Alexander Wood, neuf ans plus tard.

16 mai 1717
Voltaire est emprisonné à la Bastille

En 1715, le jeune François-Marie Arouet, qui devait prendre plus tard le pseudonyme de Voltaire, eut la curiosité d'aller voir passer le cortège funèbre de Louis XIV qui gagnait Saint-Denis. Dans les guinguettes établies le long du chemin, la populace s'enivrait pour célébrer la mort du défunt. Paris fut bientôt inondé de satires contre le roi. On accusa Arouet, déjà connu pour ses insolences, d'en avoir composé quelques-unes. On lui attribua aussi une méchante épitaphe de Louis XIV, des épigrammes contre le Régent Philippe d'Orléans et une ode contre la Chambre ardente, érigée entre autres pour juger les administrateurs des finances accusés de malversations. Dans l'une des épigrammes, Arouet aurait écrit qu'« on eût mieux fait de supprimer la moitié des ânes dont on avait entouré Sa Majesté ». On releva également un petit poème intitulé *J'ai vu*, dans lequel l'auteur évoquait les nombreuses maladresses commises par le roi à la fin de sa vie. Il s'achevait par : « J'ai vu ces maux et je n'ai pas vingt ans. »

Ces vers avaient en réalité été écrits par un poète du Marais, Le Brun, auteur de l'opéra *Hippocrate amoureux*. Mais vingt ans était l'âge d'Arouet à l'époque. Il n'en fallut pas davantage pour le faire accuser à la place de Le Brun. Dans un premier temps, le Régent fut clément et se contenta de ses excuses. Mais en mai 1717, s'il faut en croire la chronique, rencontrant Arouet dans le jardin du Palais-Royal, il lui dit :

« Monsieur Arouet, je gage vous faire voir une chose que vous n'avez jamais vue.

— Eh quoi donc, Monseigneur ?

— La Bastille.

— Ah ! Monseigneur, je la tiens pour vue. »

Et le Régent, le 16 mai 1717, le fit arrêter par le lieutenant de police Marc-René d'Argenson, qui le conduisit à la Bastille.

Toutes les suppliques pour faire sortir le jeune homme de prison furent inutiles. Son père s'écria : « Je l'avais bien prévu que son désœuvrement lui attirerait quelque disgrâce. » Pendant sa détention, dans la tour de la Basinière, il travailla sur tout le second chant de la *Henriade*, qu'il écrivit entre les lignes d'un livre à l'aide d'un crayon, car on lui avait refusé de l'encre et du papier. Il fut libéré onze mois plus tard, le 11 avril 1718. Le lendemain, le Régent l'accueillit à la cour. Arouet lui déclara : « Monseigneur, je trouverais fort bon si Sa Majesté voulait désormais se charger de ma nourriture ; mais je supplie Votre Altesse de ne plus se charger de mon logement. » Le succès le ramena à l'affiche des théâtres, où il fit représenter *Œdipe* sous le pseudonyme qu'il venait d'adopter : Voltaire. Il annonça à sa maîtresse du moment, une demoiselle Pimpette : « Ne t'étonne pas, ma chère, de ce changement de nom : j'ai été si malheureux avec l'autre que je veux voir si celui-ci m'apportera du bonheur. »

En janvier 1726, chez le duc de Sully, il fut publiquement raillé par le lieutenant général des armées

Guy-Auguste de Rohan-Chabot, qui lui lança : « Nous de Voltaire, Nous Arouet, comment vous appelez-vous exactement ? » Voltaire lui rétorqua insolemment : « Et vous, vous appelez-vous Rohan ou Chabot ? Je ne suis pas comme ceux qui déshonorent le nom qu'ils ont reçu ; j'immortalise celui que j'ai pris. Mon nom, je le commence, vous, vous finissez le vôtre ! » De cet échange courtois découla un duel qui s'acheva par un nouveau séjour de Voltaire à la Bastille puis à sa condamnation à l'exil à la demande de Rohan-Chabot.

2 octobre 1724

Mort de l'abbé androgyne

La mère de François-Timoléon de Choisy, Jeanne-Olympe de L'Hospital, désirant entrer dans les bonnes grâces de Monsieur, frère du roi Louis XIV et homosexuel notoire, habilla son fils en petite fille dès sa première jeunesse.

Jusqu'à l'âge de vingt-trois ans, François-Timoléon mena ainsi une vie de débauché et se vautra dans les pires orgies en compagnie de Monsieur, du fameux chevalier de Lorraine, et d'Eugène de Savoie-Carignan, fils d'Olympe Mancini et futur Prince Eugène.

Pour effacer le souvenir d'une telle conduite, il partit séjourner à Rome, où il contribua à l'élection du pape Innocent XI. De retour en France, il fut atteint d'une grave maladie, qui, ayant failli le faire mourir, influença sa conversion. Il prit la tonsure, se fit écrivain et fut élu à l'Académie française. Ce n'est qu'après sa mort, le 2 octobre 1724, que furent publiés ses Mémoires :

« Ma mère, y racontait-il, presque en naissant, m'a accoutumé aux habillements des femmes ; j'ai continué à m'en servir dans ma jeunesse. J'ai acheté une maison au faubourg Saint-Marceau, au milieu de la bourgeoisie et du peuple, afin de m'y pouvoir habiller à ma fantaisie parmi des gens qui ne trouveraient point à redire à tout ce que je ferais. J'ai commencé par me faire repercer les oreilles, les anciens trous s'étant rebouchés ; j'ai mis des corsets brodés et des robes de chambre or et noir, avec des parements de satin blanc, avec une ceinture busquée et un gros nœud de rubans sur le derrière pour marquer la taille, une grande queue traînante, une perruque fort poudrée, des pendants d'oreilles, des mouches, un petit bonnet avec une fontange. D'abord j'avais seulement une robe de chambre de drap noir, fermée par-devant avec des boutonnières noires qui allaient jusques en bas, et une queue d'une demie-aune, qu'un laquais me portait, une petite perruque peu poudrée, des boucles d'oreilles fort simples, et deux grandes mouches de velours aux tempes. Au bout d'un mois, je défis trois ou quatre boutonnières du haut de ma robe, pour laisser entrevoir un corps de moire d'argent, que j'avais par-dessous : je mis des boucles d'oreilles de diamants, que j'avais achetées, il y avait cinq ou six ans, de monsieur Lambert, joaillier. Je demeurai encore un mois sans m'ajuster davantage, afin que le monde s'y accoutumât insensiblement et crût m'avoir vu toujours de même ; ce qui ne manqua pas d'arriver. Quand je vis que mon dessein réussissait, j'ouvris aussitôt cinq ou six boutonnières du bas de ma robe, pour laisser voir une robe de satin noir moucheté, dont la queue n'était pas si longue que celle de ma robe ; j'avais encore par-dessous un jupon de damas blanc, qu'on ne voyait que quand on me portait la queue. Ainsi, peu à peu, j'accoutumai le monde à me voir ajusté. "Désormais, me dit madame d'Usson, je vous appellerai madame". »

1726
La première machine à vapeur parisienne

C'est à Passy, près de Paris, que fut installée pour la première fois une machine à vapeur destinée à alimenter un bassin en eau. Inventée quelques années plus tôt en Angleterre par Thomas Newcomen, deux Anglais, May et Meyer, vinrent présenter cette « pompe à feu » en 1726 au jeune roi Louis XV. Elle était composée d'un cylindre que la condensation de la vapeur faisait descendre, entraînant le mouvement de la pompe hydraulique.

Contrairement à l'Angleterre, où cent d'entre elles ont été placées en moins de cinquante ans, cette machine ne connut qu'un développement plutôt lent en France. Celle de Passy pouvait élever 45 litres d'eau sur 45 mètres avec douze coups à la minute.

Devant le succès de la pompe de Passy, le chevalier d'Auxirion, en 1769, proposa à la ville de Paris l'établissement d'une grande pompe à feu. Son projet n'eut pas de suite. En revanche, en 1777, les frères Perier furent autorisés à créer le premier service de distribution d'eau moderne et construisirent d'abord la pompe à feu de Chaillot, inaugurée en août 1781.

Deux ans plus tard, le comte d'Artois, futur Charles X, fit construire celle du château de Bagatelle, qui devait fonctionner jusqu'en 1860. Parmi les autres pompes que l'on installa par la suite en France, beaucoup furent destinées aux galeries de mines, notamment celles de Condé, d'Anzin et de Bayeux.

1730
Le thermomètre à alcool de Réaumur

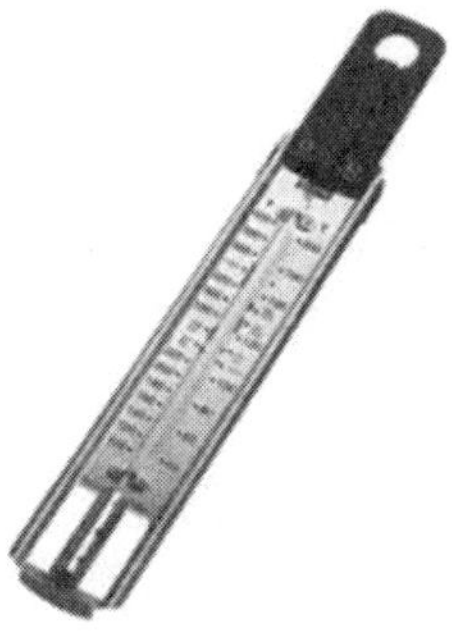

Le premier thermomètre, construit au siècle précédent selon l'idée de Robert Hooke, avait été un appareil énorme et peu pratique, constitué d'une boule de 10 cm de diamètre remplie d'alcool et surmontée d'un tube scellé de 1,5 m de hauteur. En dépit de son imprécision et de son format encombrant, il avait cependant très vite été utilisé. Jusqu'à l'arrivée du naturaliste et physicien René Antoine Ferchault de Réaumur. En 1730, Réaumur mit au point un thermomètre à alcool en partant du principe que « l'esprit de vin » ayant une grande capacité de dilatation, on pouvait l'utiliser pour tracer une échelle de températures dont la graduation commencerait au niveau 0 lorsque le tube serait plongé dans l'eau gelée. L'année suivant sa découverte, il put concevoir une échelle de température, dite « échelle Réaumur ».

Malgré tout, le thermomètre de Réaumur restait d'un format encore énorme, puisqu'il atteignait la hauteur de 1,60 m. En 1733, le physicien nomma Jean-Antoine Nollet à la direction de son propre laboratoire.

Nollet le seconda dans ses expériences et améliora sensiblement le thermomètre, en réduisant entre autres sa hauteur à 32 cm.

Par la suite, Réaumur mit au point de nombreux procédés d'une utilité plus ou moins étendue. Il fut le premier à imaginer le verre dévitrifié, un verre d'une blancheur et d'une opacité qui le faisait ressembler à quelques égards à la porcelaine, d'où son nom plus commun de « porcelaine de Réaumur ». Ce verre permit à Darcet et Marquer de découvrir la terre qui produisait la porcelaine dite « dure ». Réaumur fit également les premiers essais de l'incubation artificielle pratiquée dans l'ancienne Égypte. Il indiqua aussi la manière de conserver les œufs en les enduisant de graisse. On lui doit enfin des études sur les invertébrés.

1733

Des ananas sont cultivés à Versailles

L'impossibilité d'importer les ananas du Nouveau Monde en Europe poussa les Hollandais à les cultiver eux-mêmes. Des pépiniéristes de Leyde firent d'heureuses expériences sous abris. Ils créèrent eux-mêmes de jeunes plants en coupant la couronne de tête d'un ananas.

Un protestant français en exil en Hollande, et dont la chronique ne nous a laissé que le nom, Le Cour, appliqua cette méthode à son retour en France et introduisit des serres hollandaises dans le pays. En 1702, sur la demande de Madame de Maintenon, la culture des ananas fut développée à Choisy-le-Roi. Louis XIV fut ainsi le premier Français à goûter un ananas. Le fruit fut bientôt abandonné un temps lorsqu'il eut la fausse réputation de rendre les femmes stériles.

En 1732, l'un des successeurs de La Quintinie au potager du roi à Versailles, Louis Le Normand, rétablit la culture sous abris des ananas et en offrit à Louis XV l'année suivante.

Le succès fut cette fois immédiat.

16 mai 1735

La Condamine part calculer un degré de méridien

Au XVIIIe siècle, si l'Église avait enfin admis que la Terre était une sphère, les savants ne s'accordaient pas toujours pour affirmer que sa forme était parfaitement ronde.

Newton prétendait qu'elle était aplatie aux pôles alors que les Français Bernard Le Bovier de Fontenelle et Jacques Cassini assuraient qu'elle était allongée. Par conséquent, en 1734, le mathématicien Pierre Louis Moreau de Maupertuis proposa à ses imminents collègues d'aller mesurer un arc de méridien à l'équateur et au pôle Nord. Selon lui, ces calculs donneraient une idée plus correcte de la forme de la Terre.

La connaissance des distances qui séparent un degré de latitude d'un autre améliorerait beaucoup la navigation et le commerce.

En janvier 1735, l'Académie royale, répondant aux sollicitations pertinentes de Maupertuis, décida d'envoyer deux expéditions, la première au Pérou, la seconde en Laponie pour réaliser les calculs indispensables qui permettraient peut-être de mettre un terme à cette longue querelle entre savants. Louis XV, qui portait un grand intérêt à l'entreprise, confia au mathématicien les soins de la préparer. La mission du Pérou quitta La Rochelle le 16 mai, sous la direction de Charles Marie de La Condamine, qui emmenait avec lui les académiciens Bouguer et Godin. Elle parvint à Quito, terme du voyage, dix mois plus tard. La mission polaire, elle, placée sous le commandement de Maupertuis et du célèbre astronome d'Upsala Anders Celsius, partit l'année suivante, en mai 1736. Elle gagna Stockholm puis le village de Tornio, dans le golfe de Botnie.

Le 13 novembre 1737, Maupertuis révéla ses conclusions devant l'Académie Royale : « Il en résulte que le degré s'y trouve d'un grand nombre de toises plus long que notre climat et qu'ainsi la figure de la Terre, loin d'être, comme l'avaient cru quelques astronomes et géomètres, un sphéroïde allongé, est au contraire un sphéroïde assez considérablement aplati par un pôle. »

6 juin 1739

Cent francs par enfant abandonné

Depuis la fin du XVIIe siècle, le nombre d'enfants abandonnés avait doublé. Chaque nuit, les établissements qui les recueillaient en recevaient plusieurs dizaines, parmi lesquels, bien sûr, les « enfants de la misère », mais aussi ceux issus d'amours illégitimes. Si les premiers portaient souvent sur eux un signe permettant à leurs parents de les retrouver un jour, les seconds, en revanche, n'avaient que peu de chance de revoir leur mère. Par conséquent, le 6 juin 1739 fut publiée une ordonnance punissant toutes les mères indignes de cent francs d'amende par enfant abandonné.

Si elles se débarrassaient de leur enfant dans un lieu isolé – où il était voué à une mort certaine – plutôt que dans un lieu public, la sanction pouvait s'aggraver en coups de fouet ou même en bannissement.

L'ordonnance fut modifiée en décembre 1740 lorsqu'il fut question de punir également les nourrices. On avait compté que près de la moitié des enfants placés sous leur surveillance mouraient par négligence.

Comme elles étaient nombreuses à vouloir augmenter leur salaire mensuel de sept livres en ayant la garde de dix à quinze enfants, elles se virent donc interdire d'allaiter et d'élever plus de deux nourrissons à la fois, sous peine d'amende pour leur mari et du fouet pour elles-mêmes.

17 janvier 1747

Madame de Pompadour inaugure son Théâtre des Petits-Cabinets

Après s'être entièrement abandonné pendant cinq ans à l'amour qu'il avait pour Madame de Pompadour, Louis XV, vers 1745, ne supporta subitement plus sa petite santé, ses migraines constantes, ses fausses couches qui se répétaient. La marquise devint une simple amie, une confidente, et avant tout une conseillère dont le crédit non seulement ne s'éteignait pas mais augmentait de jour en jour. Cependant, il lui fallait se maintenir auprès du roi, et pour cela elle chercha à le distraire. Déjà admirée et connue pour composer des vers, chanter à merveille et jouer du clavecin, elle décida de faire construire un petit théâtre au château de Versailles et d'y jouer elle-même la comédie devant le roi. Elle forma une troupe de comédiens composée des ducs de Chartres, d'Ayen, de Nivernois, de Duras, et en rédigea elle-même les statuts. Puis elle fit transformer le cabinet des médailles en une salle de spectacle qui prit le nom de Théâtre des Petits-Cabinets. Le peintre Perrot en réalisa la décoration, que François Boucher compléta par des peintures mythologiques.

Jean-Rodolphe Perronet fut chargé de dessiner les costumes et le perruquier des Menus-Plaisirs, Notrelle, de concevoir les coiffures. Les répétitions eurent d'abord lieu dans le château de Choisy de la marquise, puis à Paris, aux Menus-Plaisirs. La première représentation fut fixée au 17 janvier 1747.

La troupe devait jouer *Tartufe*, de Molière, Madame de Pompadour y reprenant le rôle de Dorine, autrefois interprété par Madeleine Béjart. Quelques semaines plus tôt, on se bouscula pour obtenir la gloire de tenir un rôle aux côtés de la favorite royale. Madame du Hausset rapporte dans ses *Mémoires* que le marquis de Voyer, fils du comte d'Argenson, le ministre de la Guerre, lui demanda d'intervenir auprès de la marquise : « Je voudrais être exempt de police, et vous êtes à portée de me procurer cette place. Voici ce que c'est : on va jouer *Tartufe* dans les cabinets, il y a un rôle d'exempt qui consiste en très peu de vers. Obtenez de madame la marquise de me faire donner ce rôle. »

Au lendemain de la représentation, le duc de Luynes écrivit que ce fut un fiasco : « Il y avait fort peu de spectateurs : le roi, madame d'Estrades, madame de Roure et M. le maréchal de Saxe, et M. de Tournehem, M. de Vandières, Champcenetz et son fils, quelques autres domestiques du roi ; en tout il n'y avait que quatorze personnes, il n'y avait point de musiciens de profession à l'orchestre. »

Toujours pour garder le roi près d'elle, Madame de Pompadour voulut rompre la monotonie de la cour en lui faisant changer continuellement de résidence. De Versailles, on se transportait à Saint-Germain, Fontainebleau, Compiègne, mais aussi dans les châteaux que la marquise avait reçus : Choisy, Crécy, Montretout, La Celle, Aulnay, Saint-Rémy. Partout elle organisait de nouveaux divertissements pour Louis XV et représentait une pièce avec sa troupe. Tout ce que la cour comptait de ducs, marquis, comtes, maréchaux, princes, s'improvisait acteurs de comédies, d'opéras ou de ballets et venait grossir la troupe des Petits-Cabinets. On poursuivit les représentations du *Tartufe* jusqu'au 18 mars 1747, en alternant avec *Le préjugé à la mode*, de Nivelle de La Chaussée, *L'Esprit de contradiction*, de Dufresny, *Les trois cousines*, de Dancourt, et *Érigone*, de Mondonville.

Louis XV aimant les chantiers, la marquise fit construire le château de Bellevue, près de Meudon. Elle en dessina elle-même les plans et en confia la décoration aux sculpteurs Falconnet, Coustou, Adam, Pigalle, et aux peintres Boucher, Oudry, Van Loo, Vernet. À partir de 1751, le Théâtre des Petits-Cabinets ne joua plus qu'au château de Bellevue, devenu la résidence royale favorite.

La saison 1752-1753 s'acheva par les représentations de deux opéras, dont *Le Devin du village*, de Jean-Jacques Rousseau. La réussite du *Devin de village* et le succès qu'elle obtint elle-même dans le rôle de Colin décidèrent la marquise à envoyer à l'auteur une somme de cinquante louis en témoignage de sa satisfaction.

Ce fut la dernière saison du Théâtre de Madame de Pompadour. La salle du château de Bellevue étant beaucoup plus petite que celle de Versailles, elle ne permettait pas d'accueillir suffisamment de spectateurs. Les acteurs se lassèrent et, après six ans, il n'y eut plus de représentations.

Août 1748

Le carrosse à ressorts de Vaucanson

Dans les salons de l'hôtel de Longueville, où il venait d'ouvrir son exposition d'automates et d'androïdes, le mécanicien et horloger Jacques de Vaucanson présenta au public parisien le joueur de flûte traversière, qui jouait non comme une vulgaire boîte à musique, mais comme un être humain. Inspiré d'une sculpture de Coysevox, ce joueur de flûte était assis sur un rocher et se mouvait grâce à un mécanisme à poids-moteur et à soufflets qui lui permettaient de jouer « réellement » de son instrument. Ses doigts couraient sur la flûte et ses lèvres s'entrouvraient. Sans se troubler, il exécutait en cadence menuets et rigaudons.

Vaucanson construit par la suite deux autres automates : le joueur de tambourin et le canard. Vêtu à la provençale, le joueur de tambourin frappait d'une main un « tambour de Marseille » et jouait de l'autre du galoubet, un flageolet en bois à trois trous. Le canard fut peut-être l'automate qui suscita le plus de curiosité, car le génie de Vaucanson permettait de le voir « mangeant, buvant, digérant et se vidant, épluchant ses ailes et ses plumes, imitant en diverses manières un canard vivant. »

Nommé en 1741 inspecteur des manufactures de soie, Vaucanson occupa ce poste jusqu'à sa mort. Il profita de ses fonctions pour perfectionner l'outillage des soieries en inventant un métier à tisser automatique, un métier à façonner, un tour à tirer la soie.

En janvier 1746, il fut admis à l'Académie des sciences. À l'été 1748, il acheva le premier carrosse à ressorts d'horlogerie. En août, Louis XV vint au domicile de Vaucanson, à l'hôtel Montorge, pour se rendre compte de la merveille. L'almanach royal devait noter : « Dès trois heures, Sa Majesté fut chez l'inventeur en compagnie de plusieurs officiers de sa maison. Il prit place sur le fauteuil disposé en haut du perron, pour que sa Majesté pût voir sans fatigue se mouvoir la mécanique du cabriolet à travers les allées du parc et sur la pelouse. Ce carrosse peut contenir deux personnes ; il est peint d'amarante, liseré de bleu et rehaussé d'or. On aperçoit entre les essieux, 4 roues engrenées 2 à 2, et que relient des rubans d'acier dentelé. Des chaînes communiquent avec une manivelle tournante sous la main du conducteur, de sorte qu'il n'est aucun besoin de cheval. Sa Majesté a félicité le mécanicien, en lui demandant pareille voiture pour la remise royale. »

1749
Clara, le rhinocéros de la foire Saint-Germain

Clara, femelle âgée de huit ans, fut le cinquième rhinocéros à parvenir vivant en Europe. Elle venait d'être adoptée par Jan Albert Sichterman, directeur au Bengale de la Compagnie néerlandaise des Indes orientales, lorsque celui-ci, en 1740, la vendit à un certain Douwe Mout van der Meer, capitaine au long cours hollandais. Clara débarqua ainsi à Rotterdam le 22 juillet 1741. Elle connut un tel succès dans les expositions de la ville que van der Meer entreprit de lui organiser une longue tournée européenne qui débuta en Allemagne. Les frais de sa nourriture et de son voyage s'élevèrent à près de mille livres par jour. À Berlin, le roi Frédéric II de Prusse vint lui rendre visite, à Dresde, elle reçut celle d'Auguste III, électeur de Saxe et roi de Pologne, et à Vienne celle de l'impératrice Marie-Thérèse.

Puis en décembre 1748, elle franchit le Rhin et fut accueillie en janvier 1749 par Louis XV à la Ménagerie royale de Versailles. Clara, grosse mangeuse, engloutissait alors tous les jours 60 livres de foin, 20 livres de pain et 14 seaux d'eau et de bière.

En février, elle fit étape à Paris et fut exposée pendant cinq mois à la foire Saint-Germain, située rue des Quatre-Vents, au milieu des marionnettes, des automates et des figures de cire. Jean Monnet, directeur du théâtre de la foire, écrivit : « Tout Paris défila devant l'étrange bête. Jamais Voltaire ou Rousseau n'eurent autant de succès que ce rhinocéros. Il fut vraiment la grosse bête de l'année. » Clara devint une véritable idole pour laquelle on publia des livres, des gravures et des épigrammes. On mit même en vogue des parures « à la rhinocéros » et on fit le commerce de médailles-souvenir de Clara.

Le célèbre Casanova vint la voir et Buffon, après l'avoir longuement examinée, la décrivit dans son *Histoire naturelle générale et particulière*. Il put ainsi signaler que le dessin de Dürer, *Le Rhinocéros*, était rempli d'inexactitudes et en profita pour rétablir une vérité qui ne devait jamais être démentie : « La plupart des voyageurs et tous les naturalistes, tant anciens que modernes, ont dit que la langue du rhinocéros était extrêmement rude, et que les papilles étaient si poignantes qu'avec sa langue seule il écorchait un homme et enlevait la chair jusqu'aux os. Ce fait, que l'on trouve partout, me paraît très douteux et même mal imaginé puisque le rhinocéros ne mange point de chair. »

Clara fut ensuite représentée par le peintre animalier Jean-Baptiste Oudry avant de quitter la France, à l'hiver 1749, pour poursuivre sa tournée en Italie et l'achever à Londres en 1758, année où elle mourut. Jan

Wandelaar, l'un des frères Ridinger et Pietro Longhi firent plus tard son portrait d'après description.

1er novembre 1755

Le séisme qui inspira Voltaire

À dix heures du matin, en ce jour de la Toussaint, de violentes secousses furent ressenties dans toute la Guyenne, l'actuelle Aquitaine, suscitant un vif émoi parmi les populations. L'Adour sortit de son lit, provoquant d'importantes inondations. Ces tremblements durèrent dix minutes mais ne firent ni victimes ni gros dégâts matériels. Ils n'étaient en réalité que la faible répercussion d'un terrible séisme, l'un des plus meurtriers de toute l'histoire, qui était en train d'anéantir la ville portugaise de Lisbonne, de l'autre côté des Pyrénées.

En quelques minutes, cette *rade délicieuse*, comme la nommaient autrefois les Phéniciens, qui n'avait cessé de grandir et de prospérer, fut détruite par d'incroyables raz-de-marée et les nombreux incendies qui se succédèrent à la suite des secousses.

On releva entre 70 000 et 100 000 victimes. La violence de l'onde de choc fut telle qu'elle n'ébranla pas seulement la France : du nord de l'Afrique jusqu'en

Scandinavie, on assura avoir senti la terre trembler. À Kinsale, en Irlande, l'eau envahit le port. L'agitation des lacs, des rivières et des sources fut importante en Grande-Bretagne. Dans le lac Lomond, en Écosse, l'eau s'abaissa au-dessous de son niveau ordinaire et s'éleva ensuite en franchissant les bords. De légères oscillations furent éprouvées en Suède, en Norvège, en Allemagne, en Suisse, en Italie, en Corse.

En Europe, cette catastrophe marqua tous les esprits. Des intellectuels français récupèrent les événements pour justifier la divine providence, comme Jean-Jacques Rousseau, ou au contraire douter de l'existence du Ciel, comme Voltaire.

Ce dernier fut terriblement bouleversé par le séisme de Lisbonne et s'en inspira. Il composa *Poème sur le désastre de Lisbonne* et écrivit surtout son célèbre conte philosophique *Candide*, dont le héros, chassé du château du baron de Thunder-ten-tronckh pour avoir fait la cour à Cunégonde, parcourt les pays.

Partout où il passe, le drame est omniprésent, depuis les horreurs de la guerre jusqu'aux tremblements de terre, dont celui de Lisbonne, où il arrive avec son maître Pangloss. Il découvre le mal et abandonne un temps toute vision optimiste du monde.

25 novembre 1755

Louis XV achète le Parc-aux-Cerfs

C'est après sa liaison scandaleuse avec Marie-Louise O'Murphy, dite Morphise, que Louis XV, par acte du

25 novembre 1755, se rendit propriétaire d'une petite maison située dans le quartier du Parc-aux-Cerfs, à Versailles, non loin du château. Cet endroit rappelait la réserve d'animaux qui s'y trouvait jadis, où Louis XIII, grand amateur de chasse, faisait élever des daims, des cerfs et autres bêtes sauvages. Dans cette demeure enfermée dans l'impasse de la rue des Tournelles et de la rue Saint-Médéric, le roi, à la prière de madame de Pompadour, reçut désormais celles que l'on appelait « les petites maîtresses. » La marquise entendait ainsi rendre les amours du roi plus discrètes.

L'existence du Parc-aux-Cerfs donna aussitôt naissance aux légendes les plus sombres qui entachèrent la moralité du roi et surtout celle de madame de Pompadour.

Des rumeurs publiques affirmaient en effet que de très jeunes filles étaient enlevées par les pourvoyeurs de la cour sur l'instigation de la marquise. La police ayant reçu l'ordre d'interpeller les enfants abandonnés pour les expédier aux colons du Mississipi, on prétendait que les filles étaient mises à part pour peupler « l'ignoble sérail » royal du Parc-aux-Cerfs : « Le roi, écrivit notamment le marquis d'Argenson, se livre à la nature, et cherche à se ragoûter par de petites filles très neuves qu'on lui fait venir de Paris. Il se pique d'emporter des putains de quinze ans. On lui amena, il y a quelques jours, une petite fille de cet âge qui était à peine vêtue ;

il s'enrhuma à la poursuivre dans le lit et hors du lit. »

Madame de Pompadour, avec la complicité du premier valet de chambre Lebel et du maréchal de Richelieu, ne faisait en réalité que ménager des rencontres entre le roi et de jeunes beautés consentantes rêvant d'être l'élue ne serait-ce que d'une nuit. Elle cherchait à favoriser les ébats du souverain pour mieux entretenir son ascendance sur lui tout en veillant à ne jamais laisser une seule de ses petites maîtresses conquérir véritablement son cœur. Craignant surtout plusieurs influentes dames de la cour, elle s'évertuait à jeter dans les bras de Louis XV des petites maîtresses dont elle pensait n'avoir rien à redouter. Au Parc-aux-Cerfs, elle vit néanmoins naître pas moins de huit bâtards issus parfois de simples amourettes qu'elle avait provoquées. Son office d'entremetteuse scandalisa la cour et les populations et finit par déchaîner la haine contre elle.

Jeanne Bécu, comtesse Du Barry, la remplaça dans le cœur du roi en 1769. La nouvelle favorite décrivit le Parc-aux-Cerfs ainsi : « On désignait sous le nom général d'*élèves* les jeunes filles que l'on y retenait. Il y en avait de tout âge, depuis neuf ans jusqu'à dix-huit. Jusqu'à l'âge de quinze ans, on leur laissait ignorer le nom de la ville qu'elles habitaient. Quand elles avaient atteint cet âge, on ne leur faisait plus un mystère de cela ; on tâchait seulement de les empêcher de croire qu'elles fussent destinées à la couche du roi. Tantôt on leur disait qu'elles étaient emprisonnées, ainsi que l'était ailleurs leur famille ; tantôt un amant, riche financier, les gardait en cachette pour satisfaire son amour. Il en était pourtant quelques-unes qui, mieux instruites, ou par leurs antécédents, ou par le hasard, savaient quelle était leur destinée, et bâtissaient là-dessus de superbes châteaux en Espagne. Mais quand on les soupçonnait aussi savantes, on les renvoyait, soit en les mariant, lorsqu'elles étaient enceintes, soit en les faisant entrer dans un cloître ou dans un chapitre. »

28 août 1756

Ouverture de la manufacture de Sèvres

Pendant son règne de favorite de Louis XV, la marquise de Pompadour puisa à pleines mains dans le Trésor. Ses dépenses lui permirent de mettre au jour un genre particulier d'architecture, de peinture et d'ameublement, « le genre Pompadour ». Elle mit en vogue les mobiliers artistiques, les beaux ouvrages de Boulle, les magots, les pagodes, les ivoires finement travaillés, les cadres d'ébène, les riches reliures, les bronzes.

Elle intéressa Louis XV à la manufacture de porcelaine tendre créée à Vincennes en 1738 et pour laquelle elle décorait de ses mains quelques-uns des services qu'elle y faisait exécuter.

Le roi, s'affligeant du piteux état financier de la fabrique, lui conféra le titre de manufacture royale et ordonna son transfert à Sèvres, près de Bellevue, château de Madame de Pompadour, au lieu-dit la Guyarde, ancienne propriété de Lully. Une société se forma immédiatement, comprenant seize associés qui décidèrent, avant même la publication de l'arrêt, de faire un premier appel de fonds de 800 000 livres, divisés en 80 actions, « tant pour l'exploitation de la manufacture que pour la construction des bâtiments à édifier à Sèvres ». Le roi s'inscrivit pour 20 actions et devint intéressé pour un quart dans l'exploitation de l'établissement.

Les travaux commencèrent en septembre 1753 sous la direction de Jean-Rodolphe Perronet, inspecteur général des Ponts et Chaussées, et coûtèrent 992 000 livres. Après trois ans de travaux, la manufacture de Sèvres, placée sous l'entier contrôle de la Couronne, ouvrit le 28 août 1756. À l'époque, la porcelaine française, dite « tendre », n'était qu'un vulgaire mélange de marne calcaire blanche, de sable et de sel marin, qui donnait une porcelaine épaisse et lourde d'une qualité bien inférieure à la celle des Chinois.

En 1768, un chercheur en chimie de la manufacture, Pierre-Joseph Macquer, membre de l'Académie des sciences, découvrit à Saint-Yrieix, près de Limoges, un gisement de kaolin, roche argileuse qui permettait d'obtenir une porcelaine dure. La manufacture de Sèvres fut en mesure de la fabriquer dès l'année suivante. Dans le même temps, un autre chimiste, Jean Hellot, réunissait les formules secrètes des couleurs et des émaux. Fort de ces nouveautés, Sèvres atteignit en quelques années un développement et une renommée considérables grâce à une production artistique d'une extraordinaire richesse. Même si la variété des formes et la diversité des ornements étaient déjà devenues l'un des caractères de la production, les dimensions des objets qui sortaient des fours en 1760 restaient cependant restreintes. Sous l'influence de la cour élégante de Louis XV fut fabriquée une impressionnante quantité de petits objets d'usage courant : bordures de miroirs, manches de couteaux, lorgnettes, bénitiers, tabatières. En 1772, le progrès des techniques de fabrication permit la production de pièces plus grandes et aux formes plus compliquées. Les divers registres de la manufacture évoquent l'apparition du vase Duplessis, de l'urne Pompadour, de seaux à bouteilles ou à verres « peints à Chinois » ou « à paysages », de vases éléphants ou de « pots-pourris à cuisseau. »

29 janvier 1763

La maladie pas imaginaire de Rousseau

Rousseau avait des troubles urinaires qui l'incommodèrent toute sa vie et dont il présumait qu'ils auraient le dessus sur lui. D'autant, disait-il qu'« il était clair que mes médecins qui n'avaient rien compris à mon mal, me regardaient comme un malade imaginaire et me traitaient sur ce pied avec leur squine, leurs eaux et leur petit-lait. Je vis successivement Morand, Helvetius, Malouin, Thyerri, qui tous savants, tous mes amis, me traitèrent chacun à sa mode, ne me soulagèrent point et m'affaiblirent considérablement ». Aux calomniateurs qui l'accusaient d'être un « coureur de bordel », il répondit : « Comment pourrais-je passer pour être pourri de vérole, moi qui non seulement n'eus de mes jours la moindre atteinte d'aucun mal de cette espèce, mais que des gens de l'art ont même cru conformé de manière à n'en pouvoir contracter. » À son *Testament*, rédigé le 29 janvier 1763, il joignit à ses médecins chargés, sur sa demande, de faire son autopsie, une « note pour l'instruction des chirurgiens : « Il y a vingt ans, leur expliquait-il, que je suis tourmenté d'une rétention d'urine dont j'ai même eu des atteintes dès mon enfance et que j'ai longtemps attribuée à la pierre. Le siège du mal est certainement dans la prostate ou dans le col de la vessie ou dans le canal de l'urètre et probablement dans tous les trois. C'est là qu'examinant l'état des parties on pourra trouver la cause du mal. »

Rousseau semble avoir souffert en effet d'une maladie inconnue de la médecine de son temps : une porphyrie aiguë intermittente. Le médecin et chirurgien Jean Zuléma Amussat affirmait à l'époque que Rousseau avait au moins une inflammation chronique de la membrane muqueuse de l'urètre.

À cause de son mal, le philosophe refusait toute invitation en société, redoutant de n'avoir à disposition aucun lieu pour se soulager et d'être contraint de ne « pisser qu'en grand spectacle et sur quelque noble jambe à bas blancs. » De même, il préférait rester éloigné des salons, frémissant, disait-il, « à m'imaginer dans un cercle de femmes ».

Il restait persuadé de l'origine somatique de ses troubles et lorsque les consultations du frère Côme, l'un de ses praticiens, le lui confirmèrent, son état psychologique commença à se dégrader, allant jusqu'à le conforter dans une idée de complot qui le tourmentait déjà depuis quelques années.

Son délire interprétatif et son sentiment de persécution ne le quittèrent désormais plus. Le moindre incident relatif à une sonde qui se brise au moment où son médecin l'introduit dans son urètre est un fait exprès pour se débarrasser de lui. Il resta obsédé par de funestes pressentiments et envisagea même plusieurs fois de mettre fin à ses jours : « Le délire de la douleur m'a fait perdre la raison avant la vie », avoua-t-il dans une période de lucidité. En 1761, le complot reprit de plus belle lorsque l'impression d'*Émile* prit du retard. Il fut évident qu'on lui cachait quelque chose. En 1776, allant pour déposer son manuscrit des *Dialogues* sur le maître-autel de Notre-Dame, il s'aperçut que la grille d'entrée lui en interdisait l'accès. Il se sentit manifestement repoussé et indésirable, alors que le sacristain avait tout simplement oublié d'ouvrir la grille.

À la fin des *Confessions*, Rousseau ne cesse de dépeindre toutes ces persécutions et ces complots tramés contre lui, dont celui fomenté à l'instigation de Grimm,

Voltaire et d'Holbach qui ne cessèrent de multiplier les attaques à son égard. Cette paranoïa était renforcée par le fait que le *Contrat social* et l'*Émile* avaient été condamnés par la censure. Ses persécuteurs se trouvaient partout, cachés et mystérieux, même parmi ses amis. Il resta convaincu qu'on voulait l'impliquer dans la tentative d'assassinat de Louis XV par Damiens, tout comme il était persuadé que des proches cherchaient à l'empoisonner.

Il alla prendre du repos à Ermenonville, où il ne survécut qu'un mois à son vieil ennemi Voltaire. Il y mourut le 2 juillet 1778 d'une crise d'apoplexie.

27 décembre 1765

L'École vétérinaire de Maisons-Alfort

Considérant le désastre de l'état sanitaire du bétail, Claude Bourgelat, vétérinaire et membre de la Société royale d'agriculture de Paris, décida, en 1762, de fonder un centre vétérinaire à Lyon. Trois ans plus tard, il reçut l'autorisation d'Henri-Léonard Bertin, contrôleur général des finances de Louis XV, de créer une seconde école, à Paris ou dans ses faubourgs. Il l'installa dans une demeure située sur la paroisse de La Chapelle, qui se montra vite trop petite.

Il porta alors son choix sur le château d'Alfort, que Jean-Louis de L'Héraud, seigneur de Bormes, lui vendit le 27 décembre 1765. La même année, alors que commençaient les travaux de l'école d'Alfort, il fit venir les élèves les plus instruits de celle de Lyon ainsi que l'anatomiste Honoré Fragonard, cousin du célèbre peintre, qui logèrent provisoirement dans une résidence parisienne mise à disposition par Bertin.

À son ouverture, dès 1766, l'école d'Alfort prit le nom d'*École royale vétérinaire* et Bourgelat en fut légitimement nommé directeur. Les cours portèrent essentiellement sur l'enseignement de l'étude des moyens de lutte contre l'épizootie, véritable fléau qui s'abattait sur le bétail dans les campagnes, et sur la préservation de l'espèce chevaline. Le goût de Bourgelat pour les chevaux s'était déclaré pendant qu'il étudiait le droit à Toulouse. Il avait pris les leçons des meilleurs maîtres d'équitation de la capitale avant d'être nommé mousquetaire du roi. Nommé commissaire général des haras par Bertin, il devait demeurer le fondateur incontesté de l'hippiatrique.

La réputation de Bourgelat attira à l'École royale une foule d'étudiants tant de la France que de l'étranger. Après la mort de Bourgelat, en 1779, l'école accueillit d'illustres savants et chercheurs, dont Edmond Nocard, professeur de maladies contagieuses, et Louis Pasteur, qui, avec Henri Bouley, y étudia la maladie du charbon. Les médecins Camille Guérin et Albert Calmette y découvrirent le fameux vaccin antituberculeux qui porte leur nom, le BCG. L'année 1885 vit la réunion d'Alfort (Alfortville) et de la proche commune de Maisonville, qui donna naissance à la ville de Maisons-Alfort.

1er juillet 1766

Le sacrilège du chevalier de La Barre

L'affaire du chevalier de La Barre commença le 9 août 1765 lorsque les habitants d'Abbeville constatèrent que deux crucifix avaient été souillés et mutilés sur le pont neuf de la ville. Aussitôt, la rumeur évoqua deux jeunes gens, un gentilhomme du nom de Gaillard d'Étallonde, âgé de dix-huit ans, et un certain François Lefebvre, chevalier de La Barre, âgé de vingt ans, qui, tous deux, s'étaient fait remarquer dans la région pour leur impertinence et leur liberté de langage. Le chevalier de La Barre fut appréhendé le 27 septembre puis soumis à la question.

Il avoua ne pas s'être découvert au passage de la procession de la Fête-Dieu, mais nia énergiquement le sacrilège dont on l'accusait. Belleval, lieutenant du tribunal, s'efforça cependant de confondre ces deux affaires d'impiété et chercha à faire du chevalier de La Barre le coupable idéal.

Ses hommes saisirent chez le suspect plusieurs ouvrages séditieux, dont un exemplaire du *Dictionnaire philosophique* de Voltaire, interdit par la censure et qui allait suffire à le condamner. Le chevalier poursuivit cependant ses protestations d'innocence. Dans le même temps, Gaillard d'Étallonde fut arrêté. Le 28 février 1766, les deux jeunes gens furent condamnés à avoir la langue tranchée, avant d'être décapité puis brûlé avec l'ouvrage de Voltaire.

Soucieux d'empêcher la montée des idées neuves, le Parlement de Paris, contre toute attente, confirma la sentence. Étallonde parvint à s'enfuir et seul le chevalier de La Barre fut exécuté, le 1er juillet 1766 : « Je ne croyais pas, dit-il à son confesseur, qu'on pût faire mourir un gentilhomme pour si peu de chose. »

Au lendemain de sa mort, l'indignation se répandit chez les penseurs. Celle de Diderot ou de Grimm fut immédiate. L'affaire se mua en confrontation entre dévots et intellectuels lorsqu'en 1774, Voltaire, directement menacé, tenta d'obtenir la réhabilitation de l'innocent. Il écrivit au marquis de Beccaria, avocat au Conseil du roi : « Il semble, monsieur, que toutes les fois qu'un génie bienfaisant cherche à rendre service au genre humain, un démon funeste s'élève aussitôt pour détruire l'ouvrage de la raison. À peine eûtes-vous instruit l'Europe par votre excellent livre sur les délits et les peines, qu'un homme, qui se dit jurisconsulte (Belleval, le lieutenant du tribunal), écrivit contre vous en France. Vous aviez soutenu la cause de l'humanité, et il fut l'avocat de la barbarie. C'est peut-être ce qui a préparé la catastrophe du jeune chevalier de La Barre, âgé de dix-neuf ans. »

Dans la suite de sa lettre, Voltaire apprenait au marquis de Beccaria la raison pour laquelle Belleval s'était acharné à vouloir condamner le chevalier de La Barre : « Il y avait dans Abbeville, petite cité de Picardie, une abbesse, fille d'un conseiller d'État très estimé ; c'est une dame aimable, de mœurs très régulières, d'une humeur douce et enjouée, bienfaisante, et sage sans superstition. Un habitant d'Abbeville, nommé Belleval, âgé de soixante ans, vivait avec elle dans une grande intimité, parce qu'il était chargé de quelques affaires du couvent : il est lieutenant d'une espèce de petit tribunal qu'on appelle l'élection, si on peut donner le nom de tribunal à une compagnie de bourgeois uniquement préposés pour régler l'assise de l'impôt appelé la taille. Cet homme devint amoureux de l'abbesse, qui ne le repoussa d'abord qu'avec sa douceur ordinaire, mais qui fut ensuite obligée de marquer son aversion et son mépris pour ses importunités trop redoublées. Elle fit venir chez elle dans ce temps-là, en 1764, le chevalier de La Barre, son neveu, petit-fils d'un lieutenant général des armées, mais dont le père avait dissipé une fortune de plus de quarante mille livres de rentes : elle prit soin de ce jeune homme comme de son fils, et elle était prête de lui faire obtenir une compagnie de cavalerie ; il fut logé dans l'extérieur du couvent, et madame sa tante lui donnait souvent à souper, ainsi qu'à quelques jeunes gens de ses amis. Le sieur Belleval, exclu de ces soupers, se vengea en suscitant à l'abbesse quelques affaires d'intérêt. Le jeune La Barre prit vivement le parti de sa tante, et parla à cet homme avec une hauteur qui le révolta entièrement. Belleval résolut de se venger ; il sut que le chevalier de La Barre et le jeune d'Étallonde, fils du président de l'élection, avaient passé depuis peu devant une procession sans ôter leur chapeau… »

Le philosophe, déjà défenseur de Sirven, de Calas, de Lally-Tollendal, aujourd'hui du chevalier de La Barre, épuisa vainement ses arguments et ses accusations. En dépit d'un formidable plaidoyer, *Le Cri du sang inno-*

cent, envoyé à Louis XV l'année suivante, il ne parvint pas à obtenir la réhabilitation du chevalier. Il le fut toutefois vingt ans plus tard par la Convention, le 15 novembre 1794.

6 avril 1768
Bougainville atteint l'île de Tahiti

En 1766, Choiseul, secrétaire d'État de la Marine de Louis XV, confia à Louis Antoine de Bougainville la direction d'une expédition autour du monde visant à découvrir des contrées inconnues. Bougainville quitta Brest le 5 décembre 1766 à bord de *La Boudeuse*, et en compagnie de trois imminents savants : le cartographe Charles Routier de Romainville, l'astronome Pierre-Antoine Véron, et le naturaliste Philibert Commerson, disciple de Buffon. Après avoir séjourné au Brésil, où la rejoignit un second navire, *L'Étoile*, puis aux îles Malouines, que Bougainville devait céder aux Espagnols sur ordre de Louis XV, l'expédition parvint en vue de Tahiti, en avril 1768, un an après l'Anglais Samuel Wallis. Le 6 avril, ils mouillèrent à Papeete. Commerson devait écrire : « Sur les 4 heures du soir, étant à 2 ou 3 lieues de terre, nous avons vu au moins 150 pirogues remplies d'Indiens et d'Indiennes qui habitent cette île qui étaient autour de *La Boudeuse*. Il vint à notre bord 5 de ces Indiens. Très beaux hommes de la taille de 5 pieds 7 à 8 pouces et les autres 9 à 10 pouces, les cheveux noirs, barbus avec de belles dents. Ils nous parurent bons et affables, nus et sans armes quelconques, leurs pirogues très jolies, faites de planches d'environ 3 pouces. »

L'île de Tahiti fut rebaptisée Nouvelle-Cythère par Bougainville, qui décrivit plus tard, dans *Voyage autour du monde*, l'accueil bienveillant de la population : « Grand troc tout l'après-midi avec les Sauvages qui ne paraissaient point étonnés de nous voir ; sont fins commerçants mais de bonne foi. Il est venu dans une des pirogues une jeune et jolie fille presque nue qui montrait son sexe pour de petits clous. Nous avons aussi eu quelques coquilles, un fruit inconnu semblable à une poire, un coq, un pigeon, une perruche et deux flûtes, l'une à quatre, l'autre à trois trous. Un Indien qui paraît un chef est à bord de *l'Étoile* depuis hier soir et n'en veut plus sortir. »

Le 16 mars 1769, l'expédition était de retour à Saint-Malo. En dépit du scorbut qui s'était abattu sur l'équipage de 330 marins, seuls sept d'entre eux avaient péri. Commerson ramenait de nombreuses récoltes mises en caisses, dont une fleur découverte à Rio de Janeiro et qu'il devait baptiser bougainvillée. En 1772 parut *Supplément au voyage de Bougainville*, de Diderot, qui s'était inspiré du *Voyage autour du monde de Bougainville* pour écrire un nouveau dialogue philosophique.

15 mai 1768

Louis XV achète la Corse

Attaqués par les jansénistes et les philosophes de l'*Encyclopédie*, puis bannis de France à partir de 1763, les jésuites trouvèrent refuge auprès des Génois, qui les établirent en Corse. Louis XV jugea inadmissible la conduite de cet allié pour lequel la France s'était longtemps sacrifiée. Il donna l'ordre au général Marbeuf de faire évacuer les ressortissants français de Corse, qui quittèrent Ajaccio et Calvi et allaient ainsi abandonner toute l'île. La République corse, qui avait déjà à lutter contre le patriote et indépendantiste Pascal Paoli, tenta de calmer l'indignation de Louis XV en lui proposant de lui céder ses droits sur la Corse. Le roi confia au duc de Choiseul, secrétaire d'État de la Marine, le soin de négocier.

La situation de la Corse était avantageuse de par sa position voisine des côtes de France, les ressources que l'on pouvait tirer de ses forêts, et la fertilité de son sol. Choiseul considéra que l'acquisition de l'île pourrait compenser la perte récente du Canada. Il accepta l'offre faite par la République et signa avec son ambassadeur, Dominique Sorba, le 15 mai 1768, un traité par lequel le roi de France se substituait aux droits de la République de Gênes sur l'île. Louis XV s'engageait toutefois, dans un délai de dix ans, à lui remettre les villes occupées moyennant 40 millions de livres d'indemnisation.

Pascal Paoli protesta vainement contre les Génois qui disposaient d'une nation sans la consulter. Il appela ses concitoyens aux armes pour chasser les Français de l'île. Marbeuf riposta en attaquant puis en occupant une partie du Nebbio et tout le Cap-Corse. Alors Paoli assembla une consulte générale de la nation et proposa de résister contre les prétentions françaises.

La consulte se rangea à son avis et tous les citoyens de seize à soixante ans furent décrétés propres au service de la guerre.

À la déclaration des hostilités, Louis XV dépêcha à Bastia des forces considérables conduites par le marquis de Chauvelin, général en chef de l'armée expéditionnaire. La cinglante défaite des rebelles à la bataille de Ponte-Novu, le 9 mai 1769, découragea Paoli. Il comprit que c'en était fait de la nationalité corse et, après avoir été pendant quarante ans le chef admiré de toute une nation, résolut d'abandonner la lutte. Il se retira en Angleterre, où, en 1789, il apprit qu'à la demande des députés corses venait d'être voté le décret contenant la disposition suivante : « L'île de Corse est déclarée partie de l'Empire français : ses habitants seront régis par la même constitution que les autres Français. Dès ce moment le roi sera supplié d'y faire parvenir et publier tous les décrets de l'Assemblée nationale. »

Après la chute de Robespierre, Paoli reconstitua une armée et s'aboucha avec l'Angleterre pour tenter de reconquérir la Corse. Il fut défait en

1796 par l'un de ses propres compatriotes, un général qui allait devenir l'un des plus illustres personnages de l'histoire : Napoléon Bonaparte. La Corse fut alors définitivement rattachée à la France.

1775
Fin des supplices de chats à Metz

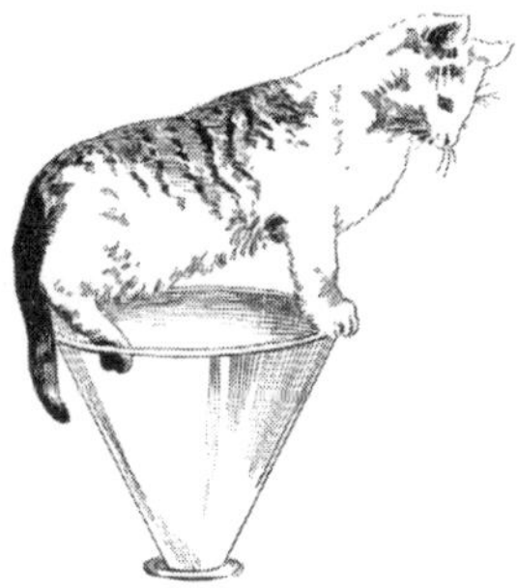

En 1344, la ville de Metz succomba à une épidémie de chorée, maladie nerveuse se manifestant par des soubresauts incontrôlables que l'on nomma danse de Saint-Guy. Ni les médecins, ni les prières ne purent apaiser ceux qui en étaient atteints. Quelques années plus tard, Metz vit arriver un chevalier qui, s'engageant au galop dans l'artère principale de la ville, se mit à chasser à coups d'épée tous les chats qui se trouvaient sur son chemin. L'épidémie de chorée cessa aussitôt et l'on crut comprendre que les chats en avaient été responsables. Dès lors, les Messins entreprirent d'envoyer au bûcher, chaque année au jour de la Saint-Jean, un grand nombre de chats, odieuses incarnations de Satan. Ils étaient placés dans une cage, au-dessus du feu, et leur longue agonie, rythmée de cris déchirants, divertissait la population.

Ce spectacle cessa à l'installation, à Metz, du gouverneur d'Armentières. En 1775, sa femme ayant un faible pour les chats, le supplia en effet d'abolir cette sinistre coutume. Il en fit la demande à Louis XVI et le roi accepta d'interdire désormais « le brûlement des chats » durant les fêtes de la Saint-Jean. Ainsi mourut une vieille coutume de la région. Mais elle avait eu le temps de faire des émules en Russie, en Pologne et dans d'autres villes de France, à Ypres notamment, où la tradition voulant que l'on précipite trois chats du haut d'un donjon pour purifier la ville se perpétua jusqu'en 1817.

1777
La révélation de l'oxygène par Lavoisier

Un an plus tôt, le chimiste Antoine de Lavoisier avait mené des expériences dans son laboratoire de l'Arsenal. En 1777, après être parvenu à la conclusion que l'air n'est pas un élément simple, il put communiquer son mémoire sur l'analyse de l'air à l'Académie royale des sciences, dont il était promu au titre de membre associé. Il y précisait que l'air ne peut être un élément parce qu'il est composé de deux gaz, à savoir la « mofette » et l'« air vital ». En chauffant, en milieu clos et en présence d'air, de l'oxyde rouge de mercure, le chimiste avait constaté une diminution de la quantité d'air pendant la combustion et une augmentation du poids de l'oxyde. Décomposant ensuite l'oxyde par chauffage, il avait recueilli du mercure et de l'« air vital ». Enfin, il était parvenu à recomposer l'atmosphère de départ en mélangeant la « mofette » et l'« air vital ». Pour le savant, nul doute ne pouvait plus subsister après ces expériences : c'est bien l'« air vital » qui se combine aux métaux pendant leur calcination et qui en augmente le poids. Cet « air vital », il proposait de l'appeler oxygène et révélait au monde entier son rôle dans les combustions et dans la respiration.

Considéré comme le père de la chimie moderne, Lavoisier, en 1783, s'intéressera à la respiration animale et à la décomposition de l'eau, et en 1785 réalisera une démonstration publique de décomposition et recomposition de l'eau. Sa carrière de chimiste s'achèvera presque totalement peu avant la Révolution, où il sera d'abord suspecté à tort de trahison avant de devenir membre de la Commission des poids et mesures chargée de définir les bases du système métrique.

18 août 1777

Louis XVI n'a plus de phimosis

Sept ans après la cérémonie officielle, toute la cour s'étonnait que le mariage de Louis XVI et de Marie-Antoinette ne fût pas encore consommé. Le souverain restait muet à ce sujet tandis que le royaume s'inquiétait de ne pas voir naître d'héritier. Puis soudain, le 18 août 1777, Marie-Antoinette, radieuse, confia à sa femme de chambre qu'elle était désormais réellement reine de France. Elle écrivit ensuite à sa mère qu'elle jouissait du « bonheur le plus essentiel de toute sa vie », qu'à dix heures ce matin, son époux était venu dans sa chambre après qu'elle eut pris son bain et qu'ils y étaient restés enfermés pendant plus d'une heure.

Louis XVI ne donna pas d'explication sur la raison pour laquelle il n'avait jamais consommé son union. À la cour, les uns murmurèrent qu'il avait su profiter des conseils de l'empereur, qui s'était mêlé de son intimité conjugale. Il fallut les éclaircissements de Joseph Carrère, le médecin ordinaire de Louis XVI, et de Pierre Ane, son chirurgien. Ils rapportèrent que le roi avait souffert pendant des années d'un phimosis, affection se caractérisant par l'étroitesse du prépuce et empêchant de découvrir le gland. Ce phimosis avait été à l'origine de son retard sexuel. Ane et Carrère expliquèrent qu'il en avait spontanément guéri, mais plus tard, un autre médecin de la cour, Barthez, avouera que le souverain avait subi une circoncision. Quoi qu'il en soit, le roi pouvait à présent exulter et se montrer fier de pouvoir enfin donner un héritier au royaume.

16 mars 1778

Le duc de Bourbon et le comte d'Artois se battent en duel pour une femme

La marquise de Canillac fut à l'origine du célèbre duel qui opposa le duc de Bourbon et son cousin le comte d'Artois en 1778 et dont s'emparèrent tous les chroniqueurs de l'époque. Elle était alors dame d'atours auprès de Madame Élisabeth, sœur du roi. Au bout de quelques mois passés à la cour, elle devint la maîtresse du comte d'Artois, futur roi Charles X. Le jour du Mardi gras, ils se rendirent au bal masqué de l'Opéra et rencontrèrent le duc et la duchesse de Bourbon. Ce fut alors un échange d'insultes entre les deux femmes, auquel se mêlèrent l'époux et l'amant. Le baron de Besenval, confident du comte d'Artois, fut témoin de l'épisode : « La duchesse de Bourbon avait pris en antipathie Mme de Canillac par le double motif que celle-ci avait été la maîtresse de son mari et qu'elle l'était devenue du comte d'Artois, sur qui elle se trouvait elle-même avoir des prétentions. Mme de Canillac s'esquiva dans la foule, et la duchesse de Bourbon, s'emparant alors du comte d'Artois, prit la barbe de son masque et le leva avec une telle violence que les cordons qui l'attachaient se cassèrent. Hors de lui, furieux, il saisit de la main celui de la duchesse, le lui écrasa sur le visage et la quitta sans proférer un seul mot. »

Le duc de Bourbon demanda réparation à son cousin de l'outrage fait à son épouse. Le 16 mars, au bois de Boulogne, ils se battirent en duel en présence du prince de Condé, qui devait raconter : « Ils sont entrés dans le bois où ils ont fait une vingtaine de pas. M. le comte d'Artois a mis l'épée à la main, et M. le duc de Bourbon aussi. Ils sont restés assez longtemps à ferrailler. Tout-à-coup j'ai vu le rouge monter au visage de S. A. R., ce qui m'a fait juger que l'impatience le gagnait. En effet, il a redoublé et pressé assez M. le duc de Bourbon pour lui faire rompre la mesure. Dans cet instant, M. le duc de Bourbon a chancelé, et j'ai perdu de vue la pointe de l'épée de M. le comte d'Artois, qui apparemment a passé sous le bras de M. le duc de Bourbon. Je l'ai cru blessé, et me suis avancé pour prier les princes de suspendre. M. de Vibraye en a fait autant.

— Ce n'est pas à moi à avoir un avis, a répondu S. A. R., c'est à M. le duc de Bourbon à dire ce qu'il veut ; je suis à ses ordres.

— Monsieur, a répliqué M. le duc de Bourbon en baissant la pointe de son épée, je suis pénétré de reconnaissance de vos bontés, et je n'oublierai jamais l'honneur que vous m'avez fait. M. le comte d'Artois ayant ouvert ses bras courut l'embrasser, et tout a été dit. »

1784
Charles-Michel de l'Épée, instructeur des sourds-muets

Né à Versailles en 1712, Charles-Michel de l'Épée étudia le droit, la philosophie, les langues et la théologie avant de prononcer ses vœux en 1738. En 1760, il était chargé d'instruire de jeunes orphelins lorsque le frère Vanin, de la congrégation de la doctrine du Christ, lui présenta deux jeunes sourdes-muettes. Cette rencontre émouvante poussa l'abbé Charles de L'Épée à mettre au point un alphabet gestuel. Pendant vingt-quatre ans, s'appuyant sur l'ouvrage *Réduction des lettres à leurs éléments*

primitifs et art d'enseigner à parler aux muets, du prêtre espagnol Juan de Pablo Bonet, il inventa un langage de signes pour les sourds-muets. L'année 1784 fut capitale : il publia son traité intitulé *Véritable manière d'instruire les sourds-muets.*

Le principe consistait « à faire entrer par les yeux dans leur esprit ce qui est entré dans le nôtre par la bouche et les oreilles ». Il ouvrit un institut pour les sourds-muets et se consacra dès lors entièrement à leur instruction et au moyen de les sortir de leur isolement. Sa fortune épuisée, il obtint des secours du roi Louis XVI.

Sa notoriété devint telle que Joseph II visita son école et que Catherine II de Russie voulut se l'attacher. À sa mort, en 1789, la Constituante le plaça au rang des bienfaiteurs de l'humanité. Sa philanthropie fut reconnue dans tous les pays du monde, où la langue universelle qu'il avait inventée devint un instrument indispensable de progrès social pour les sourds.

27 avril 1784

Beaumarchais en prison pour *Le Mariage de Figaro*

Lorsqu'il écrivit *Le Mariage de Figaro*, suite du *Barbier de Séville*, Pierre-Augustin Caron de Beaumarchais était avant tout connu pour son libertinage, ses multiples procès, ses activités de trafiquant d'armes et d'agent secret. Il venait même de purger une peine à la Bastille pour s'être montré un peu trop assidu auprès de Madame Adélaïde, l'une des filles de Louis XV. Il dut

batailler trois ans pour vaincre la censure et faire jouer en privé son *Mariage de Figaro* devant le comte d'Artois, frère du roi. Le 27 avril 1784, sa pièce fut enfin présentée au public, au théâtre de l'Odéon de Paris. Si le succès fut triomphal, on jugea cependant l'intrigue des plus banales. En réalité, à travers des répliques futiles, l'auteur dénonçait ni plus ni moins les privilèges de la noblesse, dont il stigmatisait l'inutilité. Du reste, Louis XVI ne s'y trompa pas : « Il faudrait détruire la Bastille, déclara-t-il, pour que la représentation de cette pièce ne fût pas une inconséquence dangereuse. » Il fit emprisonner Beaumarchais, mais, devant l'indignation générale, le libéra rapidement. De toute évidence, cette réaction stupéfiante de l'opinion annonçait la fin d'un monde et la Révolution.

15 août 1785

L'Affaire du Collier de la reine

À l'origine de l'affaire, l'existence d'un merveilleux collier de 1 600 000 livres que deux joailliers, Boehmer et Bassenge, proposèrent autrefois à Louis XV pour la comtesse Du Barry. Cet épisode suscita une idée à une aventurière intrigante du nom de Jeanne de Valois-Saint-Rémy, comtesse de La Motte, descendante

d'un enfant naturel d'Henri II. Elle assura au cardinal de Rohan, archevêque de Strasbourg, que Louis XVI refusait d'offrir à Marie-Antoinette cette fabuleuse parure et que la reine cherchait un ami complaisant pour avancer l'argent nécessaire à son achat. Rohan, alors en butte à la froideur de la reine, se laissa convaincre que le seul moyen de rentrer en grâce auprès d'elle était d'être cet ami. Il accepta, acheta le bijou à crédit et le remit à un prétendu officier de la reine, qui n'était autre qu'un des amants de la comtesse de La Motte. Tandis que ce dernier se hâtait de dessertir les pierres et de les vendre au détail à Londres, la comtesse faisait parvenir au cardinal de fausses lettres de Marie-Antoinette dans l'une desquelles la reine lui ménageait un rendez-vous nocturne dans le Bosquet de Vénus, à Versailles. Rohan s'y rendit. C'était le 11 août 1784. Madame de La Motte arriva avec une complice à sa solde, Nicole d'Oliva, qui faisait commerce de ses charmes au Palais-Royal et avait une ressemblance frappante avec Marie-Antoinette. Rohan fut parfaitement mystifié. En voyant Oliva, l'obscurité aidant, il crut avoir réellement la reine en face de lui : « Vous pouvez compter, lui assura la jeune femme tandis qu'il lui donnait sa main à baiser, que le passé sera oublié et que votre retour en grâce sera acquis. »

Tout réconcilié qu'il se crut avec Sa Majesté, le cardinal ne put pour autant s'acquitter de ses traites. L'année suivante, inquiets, soupçonnant une escroquerie, les deux joailliers avertirent la reine. Et le 15 août 1785 éclata le scandale. Sur les conseils du ministre Breteuil, ennemi juré de Rohan, Louis XVI réclama une éclatante punition : le cardinal serait jugé par le Parlement. « Vous allez être bien étonné, était-il écrit dans une correspondance du temps, de la nouvelle qui, depuis avant-hier, occupe tout Paris. M. le cardinal de Rohan, grand aumônier, étant le jour de la fête de la Sainte-Vierge, en rochet et en camail, soit pour attendre le roi à la chapelle, soit pour aller le prendre, a été arrêté. »

Mais le procès allait tourner au profit de la cour et de la monarchie. La comtesse de La Motte fut condamnée à être flagellée, marquée au fer rouge et emprisonnée à vie à la Salpêtrière tandis que le Parlement, après avoir déchargé Rohan de l'accusation de vol, fut jugé pour le seul crime de lèse-majesté, autrement dit pour avoir cru possible que la reine de France lui accordait des rendez-vous galants. Tout au long du procès, le cardinal se posa en victime de Madame de La Motte.

L'affaire prit rapidement une tournure politique, le Parlement y voyant un moyen de porter atteinte à la monarchie absolue. Si la reine pouvait être soumise aux lois, le roi lui-même pourrait un jour être mis en jugement. En outre, on reprochait au roi et à son ministre Calonne de vouloir instituer un impôt payable par tous, y compris par les plus riches.

Le 31 mai 1786, les soixante-quatorze juges du Parlement prononcèrent ainsi l'acquittement du cardinal. Louis XVI le priva cependant de toutes ses charges et le relégua à l'abbaye de La Chaise-Dieu. Marie-Antoinette, elle, était humiliée. Il n'en resta pas moins que les juges, poussés par l'opinion publique, ne vou-

lurent voir dans le malheureux cardinal qu'une victime de la légèreté trop connue de la reine. À Paris, lorsque l'acquittement du cardinal fut connu, 10 000 personnes, rassemblées autour de la Bastille, manifestèrent leur enthousiasme, trop contentes de pouvoir montrer leur haine pour l'Autrichienne. Par son retentissement, l'affaire du Collier contribua à discréditer la monarchie et la famille royale et, en somme, fut l'un des prémices de la Révolution parce qu'elle porta à son comble « l'exaspération qui naît toujours de la haine des classes ».

8 août 1786

Jacques Balmat vainqueur du mont Blanc

Jacques Balmat, originaire de Chamonix, guide et chasseur de chamois, avait déjà tenté, en vain, de gravir les pentes jusqu'ici inviolées du mont Blanc. En juillet 1786, équipé d'alpenstocks, de crampons et de chaussures cloutées, accompagné de son coéquipier et ami le docteur Michel Paccard, qui devait lui servir de témoin, il partit à la conquête du mythique sommet en passant par les *Grands Mulets*. Début août, Paccard, épuisé, parla d'abandonner.

Balmat, bien résolu à remporter cette fois la victoire, l'exhorta à poursuivre leur ascension vers les cimes. Le 8 août, ils réalisèrent l'exploit. Mais c'est complètement aveugle que le docteur Paccard, victime de la réverbération de la neige, avait accompli les derniers kilomètres. Le lendemain, il ne leur resta plus qu'à redescendre vers Chamonix, où ils étaient attendus en héros. Avant de rejoindre la vallée, Balmat, selon ses propres mots, « jeta un dernier regard sur ces solitudes sauvages où personne n'était encore venu, pas même l'aiglon et le chamois ». Plus tard, séduite par cette aventure, la peintre Vigée-Lebrun séjournera à Chamonix pour dessiner les glaciers.

Balmat réitéra son exploit l'année suivante, le 3 août 1787, en compagnie du naturaliste Genevoix Horace de Saussure. Ce dernier en profita pour procéder au premier calcul de l'altitude du mont Blanc. Il ne se trompa que de trente-deux mètres par rapport aux 4 807 m calculés en 1863 avec de meilleurs moyens techniques.

Juin 1787

La pomme de terre de Parmentier est classée « plante utile »

À la fin du XVIe siècle, le botaniste suisse Gaspard Bauhin fit la première description précise de la pomme de terre avant de la cultiver dans les serres de sa propriété de Bâle et d'en être le véritable introducteur en France. La pomme de terre commença par amuser les populations. Les meilleures tables la servirent sous le

nom de truffe blanche. Puis il fallut se rendre à l'évidence qu'elle était immangeable. Seul le désespoir des temps de famine pouvait pousser les pauvres à s'en nourrir. Sitôt l'abondance revenue, elle était à nouveau abandonnée aux pourceaux. À partir de 1750, on murmura même partout dans le royaume qu'elle donnait la lèpre. Le Parlement de Besançon rendit cet arrêté : « Attendu que la pomme de terre est une substance pernicieuse et que son usage peut donner la lèpre, défense est faite, sous peine d'une amende arbitraire, de la cultiver sur le territoire de Salins. » En 1771, le contrôleur général abbé Terray se vit obligé de demander un avis de la Faculté de médecine propre à rassurer les esprits.

L'affirmation que ce féculent transmettait la lèpre ne reposait sur aucun fondement mais confortait du moins l'opinion des Français qui s'accordaient déjà à trouver cet aliment insipide et décidément bon pour les cochons. Il fallut attendre 1787 pour voir disparaître les préjugés. Antoine Augustin Parmentier, le célèbre agronome que l'émotion provoquée par la disette de 1769 poussa à entamer en France son œuvre de propagation de la culture de la pomme de terre, avait connu celle-ci dans le Hanovre alors qu'il était prisonnier de guerre. Apothicaire major de l'hôtel des Invalides, adjoint au Conseil de Santé depuis 1782, il fit défricher un champ de cinquante arpents dans la plaine des Sablons, près de Neuilly, gardé jour et nuit par des sentinelles et y planta des pommes de terre. Lorsque celles-ci eurent poussé, il fit un bouquet de quelques-unes d'entre elles et partit à Versailles les offrir à Louis XVI : « Nos soldats, dit-il au roi, ont considérablement mangé de pommes de terre dans la dernière guerre ; ils en ont même fait excès, sans avoir été incommodés ; elles ont été ma seule ressource pendant plus de quinze jours et je n'en fus ni fatigué, ni indisposé. » Il ajouta qu'en cas de disette elles pourraient être substituées aux végétaux ordinairement employés. En signe d'approbation, le roi fixa à sa boutonnière le bouquet qu'il venait de lui présenter et, en juin 1787, autorisa le classement des pommes de terre dans les plantes utiles du jardin d'essai de Rambouillet. Le savant Georges Cuvier devait ajouter plus tard « que bientôt le royaume jouirait de cette nouvelle branche de subsistances ».

17 juillet 1789

La cocarde tricolore est inventée

Après la prise de la Bastille, le 14 juillet 1789, Louis XVI céda à la pression parisienne et vint en personne annoncer à l'Assemblée le retrait des troupes qui encerclaient Paris. Le 17, il se rendit à l'hôtel de ville de la capitale. Jean-Sylvain Bailly, président de l'Assemblée nationale, fut nommé par acclamation maire de Paris, et La Fayette, commandant général de la Garde nationale. Louis XVI reconnut la nouvelle administration de la ville. Bailly lui remit alors la cocarde bleue et rouge que le roi fixa sur son chapeau, associant ainsi ces couleurs au blanc de la monarchie. Devant cette scène, La Fayette commenta : « Voici une cocarde qui fera le tour du monde. »

Tandis que le roi cédait ainsi au peuple, l'émigration commençait. Les premiers personnages qui en donnèrent l'exemple furent le comte d'Artois et ses deux enfants, ainsi que les princes de Condé, de Conti, de Lambesc et la duchesse de Polignac et sa famille.

20 juin 1791

La fuite du roi à Varennes

Au soir du 20 juin 1791, Louis XVI, Marie-Antoinette, Madame Élisabeth, le dauphin et sa sœur, accompagnés de Madame de Tourzel, s'enfuirent du palais des Tuileries. Le Suédois Axel de Fersen, amant de la reine, conduisit lui-même le carrosse qui emportait la famille royale jusqu'à la barrière Saint-Martin, où attendait une berline.

Le roi connaissait les dangers que lui et les siens couraient à Paris et gardait l'arrière-pensée de faire appel aux forces étrangères pour rétablir l'ordre ancien dans son royaume.

Mais à Sainte-Menehould, Jean-Baptiste Drouet, le fils du maître de poste, le reconnut, prit aussitôt un chemin de traverse pour rejoindre la berline à Varennes, où il fit arrêter les fugitifs par l'épicier Sauce, procureur de la commune. À Paris, l'Assemblée, prévenue par un exprès, dépêcha trois commissaires à la rencontre des prisonniers. Après une nuit passée dans l'arrière-boutique de Sauce, ceux-ci furent ramenés dans la capitale, où des ordres avaient été donnés : « Quiconque applaudira le roi sera battu, quiconque l'insultera sera pendu. »

Malgré les républicains qui réclamaient la déchéance, l'Assemblée vota l'irresponsabilité du roi, prétendument enlevé des Tuileries.

Furieux de cette décision, les patriotes manifestèrent et, le 17 juillet, déposèrent au Champ-de-Mars une pétition réclamant la mise en accusation de Louis XVI. Tout s'acheva par une fusillade meurtrière qui allait accroître les rancœurs. Ainsi, l'évasion manquée du roi hâta la marche de la Révolution.

15 avril 1792

Les premières expériences de la guillotine

La toute première expérience de ce qui ne se nommait encore que la machine à décapiter fut réalisée sur des moutons vivants, dans l'atelier de l'ingénieur strasbourgeois Tobias Schmidt, auquel les docteurs Louis et Guillotin en avaient confié la réalisation. Les têtes des pauvres bêtes tombèrent d'un seul coup d'un seul dans le sac de cuir.

Cette expérience s'avérant concluante, on envisagea de la renouveler sur des cadavres humains, cette fois dans la cour de l'hospice Bicêtre, transformé en prison révolutionnaire. Trois cadavres seraient livrés par l'administration de l'hospice : ceux de deux prisonniers et celui d'une femme. La date était fixée au samedi 12 avril 1792.

Le docteur Louis écrivit à son confrère Michel Cullerier, directeur de l'hospice : « Le mécanicien Tobias Schmidt, Monsieur, chargé de la construction de la machine à décapiter, ne sera prêt à en faire l'expérience que mardi. Je viens d'écrire à M. le procureur général-syndic, afin qu'il enjoigne à la personne qui doit opérer en public de se rendre mardi à dix heures, au lieu désigné pour l'essai. J'ai fait connaître au Directoire du département avec quel zèle vous avez saisi le vœu général sur cette triste affaire. Ainsi donc, à mardi. Pour l'efficacité de la chute du couperet ou tranchoir, la machine doit avoir quatorze pieds d'élévation. D'après cette notion, vous verrez si l'expérience peut être faite dans l'amphithéâtre ou dans la petite cour adjacente. Je suis de tout mon cœur, Monsieur, le plus dévoué de vos obéissants serviteurs. Louis. »

Le 14 avril, l'exécuteur des arrêts criminels reçut de son côté une lettre du procureur général-syndic Roederer : « M. Louis vient de m'informer que tout est disposé pour faire demain, à dix heures du matin, à Bicêtre, une expérience de la machine destinée à la décapitation. »

Et le 15, à dix heures du matin, Tobias Schmidt monta la machine dans une petite cour dérobée de l'hospice, sous l'œil des prisonniers contemplant la funeste scène depuis leurs fenêtres.

Furent présents des employés supérieurs de Bicêtre, Roederer, une foule de notabilités de l'Assemblée nationale, des membres du conseil des hospices, et les docteurs Pinel, Cabanis, Louis, Cullerier et Guillotin. Ceux-ci assistèrent aux préparatifs puis virent le bourreau Sanson faire tomber les têtes.

Pendant que les spectateurs adressaient leurs félicitations aux médecins et à Schmidt, Sanson, les yeux fixés sur le dernier cadavre qu'il venait de décapiter sans que sa main exercée ait fait autre chose que de pousser un ressort, répétait : « Belle invention ! Pourvu qu'on n'abuse pas de la facilité ! » *L'Histoire anecdotique des prisons de l'Europe*, d'Alboise et Maquet, raconte que les spectateurs sortirent de l'enceinte et allèrent rendre compte de l'invention nouvelle, les uns à l'Assemblée, les autres par la ville : « Quant aux prisonniers, ils se regardent les uns les autres et descendent des appuis des fenêtres sur lesquels ils avaient grimpé.

— C'est le fameux projet d'égalité, dit l'un d'eux. Tout le monde mourra de la même manière.

— Oui, réplique un plaisant de Bicêtre, cela nivelle ! »

25 avril 1792

Le premier guillotiné de l'Histoire

La première de toutes les exécutions publiques par la machine à décapiter eut lieu le mercredi 25 avril 1792, le jour même où, à Strasbourg, devant le maire, Rouget de Lisle interprétait le *Chant de guerre pour l'armée du Rhin*, bientôt rebaptisé *La Marseillaise*. Le condamné était Nicolas-Jacques Pelletier, accusé d'avoir frappé un particulier de plusieurs coups de couteau pour lui dérober un portefeuille contenant 800 livres en assignats.

Pour ce spectacle nouveau, on avait prévu une foule considérable sur la place de Grève, ce qui fit écrire au procureur général-syndic Roederer à La Fayette, commandant général de la garde nationale : « Le nouveau mode d'exécution du supplice de la tête tranchée attirera certainement une foule considérable à la Grève, et il est intéressant de prendre des mesures pour qu'il ne se commette aucune dégradation à la machine. Je crois, en conséquence, nécessaire que vous ordonniez aux gendarmes qui seront présents à l'exécution de rester, après qu'elle aura eu lieu, en nombre suffisant sur la place et dans ses issues, pour faciliter l'enlèvement de la machine et de l'échafaud. »

Pelletier fut exécuté en un instant : « La nouveauté du supplice, expliqua le lendemain *La Chronique de Paris*, avait considérablement grossi la foule de ceux qu'une pitié barbare conduit à ces tristes spectacles. Cette machine a été préférée avec raison aux autres genres de supplice : elle ne souille point la main d'un homme du meurtre de son semblable, et la promptitude avec laquelle elle frappe le coupable est plus dans l'esprit de la loi, qui peut souvent être sévère, mais qui ne doit jamais être cruelle. »

Dans *Le journal de la France* du 27 avril 1792, Duplan écrivit de son côté : « On fit hier l'essai de la *petite Louison* (du nom du docteur Louis) et on coupa une tête : le nommé Pelletier en fit la triste expérience. Je n'ai de ma vie pu approcher un pendu mais j'avoue que j'ai encore plus de répugnance pour ce genre d'exécution ; les préparatifs font frissonner et aggravent le supplice moral ; quant au supplice physique, j'ai fait assister quelqu'un qui m'a rapporté que c'était l'affaire d'un clin d'œil ; le peuple semblait invoquer le retour de M. Sanson à l'ancien régime, et lui dire : « Rendez-nous nos potences en bois, rendez-nous nos potences. »

Juin 1793

Marat se prescrit des bains quotidiens qui lui seront fatals

On oublie que le tribun Marat était avant tout médecin de formation, excellent spécialiste, entre autres, de la blennorragie et de l'ophtalmologie, auxquelles il consacra deux brillants essais. Avant la Révolution, il était, avec son ami Guillotin (qui n'a jamais inventé la guillotine !) le praticien le plus cher et le plus renommé de Paris, attaché au service du comte d'Artois, frère de Louis XVI et futur roi Charles X. Il connaissait parfaitement les symptômes de la maladie de peau dont il était atteint sur la majeure partie du corps. Il s'agissait d'un eczéma dont on admet aujourd'hui qu'il était accompagné d'un « violent prurit ordinairement attribué à un excès de diabète ».

Marat se soigna d'abord avec des onguents et des solutions de sa propre composition qu'il avait expérimentés sur ses patients. Puis lorsque sa maladie s'aggrava, en juin 1793, il se prescrivit des bains quotidiens d'eau sulfureuse. La tête enveloppée d'un linge imbibé de vinaigre qui traitait en outre l'inflammation de son cuir chevelu, il passait désormais une grande partie de ses journées dans sa baignoire sabot. On recouvrait celle-ci d'un drap. La tête seule et les bras de Marat étaient libres. Une planche placée en travers lui servait de table et d'appui-main. Il lui était impossible de se mouvoir correctement, aussi, lorsque Charlotte Corday vint pour l'assassiner, le 13 juillet suivant, n'eut-elle aucun mal à lui planter son couteau dans la poitrine. La visiteuse sut en effet tirer profit de la situation. Elle s'était volontairement assise à la tête de la baignoire, afin que Marat, obligé de se tourner de côté pour lui répondre, se trouve embarrassé par ce mouvement et ne puisse apercevoir les siens.

23 mars 1796

Une sainte bleue, blanc, rouge

Perrine Dugué, jeune fille de dix-neuf ans, fut retrouvée agonisante sur un chemin de la lande de Pain-Sec, près du Chêne des Évêts, en Mayenne. Les paysans qui recueillirent son dernier soupir prétendirent avoir vu « son âme monter au ciel avec des ailes tricolores ». Elle devint la première « sainte patriote ». Fille d'une famille de cultivateurs fixés à Thorigné, elle renseignait ses frères, tous fervents républicains, surtout François, marchand-fermier à la Croix-Bachelot de Thorigné. Mais les Chouans l'avaient repérée et suivie alors qu'elle se rendait à la foire de Sainte-Suzanne. Bien qu'ils s'en défendissent, ils étaient les auteurs de son assassinat.

L'opinion publique avait d'abord attribué le meurtre à un régiment de hussards. Cependant, le témoignage de la famille du chanoine Pichon les met aujourd'hui encore hors de cause : « Ils étaient dans les landes de Blandouet, un peu au-delà du chemin du Mans à Laval quand se présentèrent trois chouans qui firent descendre de cheval Perrine et qui obligèrent les fermiers qui l'accompagnaient à rentrer chez eux, abandonnant cette pauvre fille entre leurs mains. Ils connaissent fort bien les trois chouans, qui prétendirent donner à l'assassinat le caractère d'une exécution politique. »

La martyre de la République fut inhumée sur le lieu même du crime. Sur sa tombe, devenue un lieu de pèlerinage vénéré, on vint de tous les départements voisins apporter des offrandes pour bâtir la « chapelle Sainte-Perrine ». Chaque jour des pèlerins firent don à la sainte républicaine d'emblèmes patriotiques, de drapeaux tricolores, de chapelets. Grand nombre d'entre aux assurèrent avoir été guéris de leurs infirmités au contact de sa pierre tombale : « Depuis six mois, écrivit l'abbé Coutard, le patriotisme l'a mise au nombre des Saintes. Elle fait, disent-ils, tous les jours des miracles, si bien que c'est un concours de peuples qui va sur sa fosse par troupes souvent de mille à quinze cents, de tous côtés ; ils y vont en voiture quelquefois par plus de vingt ou trente chargés de provisions et de gens estropiés, autant de cervelle que de corps ; ils portent tous des cierges, ils prennent de la terre et des dégoûts de la cire et font des boules, se frottent le corps avec, et se couchent sur la fosse. »

Dès le siècle suivant, la passion pour Perrine devait s'évanouir aussi rapidement qu'elle était apparue, mais la chapelle de la sainte aux ailes tricolores est, de nos jours encore, parfaitement entretenue.

1er décembre 1798

La maîtresse encombrante de Bonaparte

En 1798, Pauline Bellisle, dite *la Belilotte*, suivit son mari, le sous-lieutenant Jean-Noël Fourès, à Marseille puis à Toulon, et envisagea de s'embarquer avec lui pour l'Égypte, où Bonaparte allait faire campagne. Trois cents femmes accompagnèrent les hommes du corps expéditionnaire, parmi lesquelles des vivandières, des cantinières, des blanchisseuses, des couturières. Le 19 mai, l'armée s'apprêta à quitter la côte française. Les femmes qui n'avaient pas cru bon d'en demander l'autorisation s'embarquèrent après avoir endossé un uniforme de soldat. Ce fut le cas de Pauline, qui prit place sur la *Lucette*. À bord du navire voyageait une légion de savants : historiens, archéologues, mathématiciens, physiciens, ainsi que des littérateurs et des journalistes.

On trouvait également un ami d'enfance de Bonaparte, qu'il avait rencontré à Brienne, du nom d'Alexandre Dargeavel, ancien officier, à présent aventurier et quelque peu proxénète. Par tous les moyens, il tenta de s'assurer chaque jour davantage les bonnes grâces de Bonaparte et du grand état-major. Au Caire, il découvrit le véritable sexe du soldat Pauline, et, le soir du 1er décembre 1798, au *Tivoli égyptien*, la poussa dans les bras du général.

Une fois sa liaison commencée avec Pauline, Bonaparte donna l'ordre à Berthier, son chef d'état-major, d'éloigner le mari. Ainsi, le 17 décembre, Jean-Noël Fourès fut-il envoyé à Paris, porteur d'un pli important à remettre au Directoire. Pauline fut cependant installée dans une demeure proche du palais d'Elfi-Bey. Richement parée, vivant dans un luxe dispendieux, elle reçut les généraux à sa table, fit les honneurs du palais aux quelques Françaises de l'armée. Elle accompagna Bonaparte dans tous ses déplacements, vêtue d'un uniforme et coiffée du chapeau à plumes des généraux de l'armée d'Égypte. Les soldats la surnommèrent « Cléopâtre » ou « Notre Cléopâtre ». Finalement, Bonaparte chargeait son frère Joseph de prononcer le divorce entre les époux Fourès. Instruit par Junot des infidélités de Joséphine, il fut lui-même un temps bien décidé à répudier celle-ci. Il promit même à Pauline de l'épouser.

L'idylle fut interrompue par la campagne de Syrie et reprit le 14 juin 1799. Le 18 août, en abandonnant Le Caire et son armée, afin de s'embarquer pour la France, Bonaparte abandonna également Pauline. À Paris, réconcilié avec Joséphine, Bonaparte refusa de revoir Pauline. Les événements du 18 brumaire étaient encore récents et il préparait le Consulat. Il était tout à la politique, aux finances, à l'administration et à l'armée qu'il mettait sur pied pour une campagne prochaine, qui allait s'achever par Marengo. La position de Premier consul qu'il était devenu n'était rien moins qu'assurée, et il ne voulait pas la compromettre en reprenant une liaison qui le condamnerait dans l'opinion. C'est donc sans ménagement qu'il éloigna Pauline de sa vie. Pendant un temps, celle-ci chercha à se venger en fréquentant les théâtres où il se montrait et y faisait des esclandres. Bientôt, elle dut quitter la capitale et s'établit à Belleville, dans une demeure qu'elle dut aux largesses de son ancien amant.

Quelque temps plus tard, Jean-Noël Fourès se manifesta, racontant à tout venant comment Bonaparte ne s'était pas gêné de l'écarter pour pouvoir le tromper avec sa femme. On s'entretint sur ce scandale dans les cafés, et la presse ne tarda pas à le diffuser largement. Le consul demanda à Fouché, ministre de la Police, que tous les efforts soient faits pour museler la presse. Fourès fut maintes fois arrêté, placé sous surveillance, tenu en résidence forcée, jusqu'à ce qu'il cesse enfin d'être importun.

1799

Les personnages de cire de Madame Tussaud sont encore à Paris

Originaire de Strasbourg, où elle était née en 1761, Marie Grosholtz apprit à modeler la cire chez Philippe Curtius, autrefois médecin et physicien à Berne et reconverti dans la sculpture. Curtius exposait alors ses portraits de cire au Palais-Royal. C'est dans l'atelier attenant à l'exposition que Marie réalisa ses premières figures, parmi lesquelles celle de Voltaire. Elle fut bientôt engagée à Versailles, et sculpta Louis XVI et Marie-Antoinette. Sous la Révolution, elle fut soupçonnée de sympathie pour la famille royale. Condamnée à la guillotine, elle y échappa le jour même de son exécution sur l'ordre de Marat, qui admirait ses œuvres. À cette époque, elle secondait Curtius dans son atelier du boulevard du Temple, où il avait ouvert une seconde salle d'exposition : *la Caverne des Grands Voleurs*. Lorsqu'il mourut, en 1794, Marie reçut en legs sa collection d'œuvres de cire. L'année suivante, elle épousa un ingénieur du nom de François Tussaud, avec lequel, la même année, elle fit un séjour à Londres. Elle y présenta ses œuvres qui connurent un tel succès qu'elle songea à ouvrir, dans la capitale anglaise, un musée de personnages en cire. En 1799, elle agrandit *la Caverne des Grands Voleurs* en présentant les masques mortuaires des guillotinés les plus célèbres qu'elle avait réalisés depuis 1794. Libérés des anciennes peurs révolutionnaires, les Parisiens vinrent se bousculer par milliers devant les têtes tranchées de Robespierre, Danton, Camille Desmoulins, Marie-Antoinette ou Louis XVI.

Ce n'est qu'en 1835, après la fin des tensions militaires entre la France et l'Angleterre, que Marie ne put réaliser son projet anglais de 1795. Elle installa son musée à Baker Street, à Londres, et le nomma « Baker Street Bazaar ». Inspirée par ses masques mortuaires, elle y présenta une « Chambre des horreurs », qui rassemblait les personnages grandeur nature de criminels célèbres décapités en France.

Quelques années après sa mort, en 1850, Arthur Meyer, directeur du journal *Le Gaulois*, entreprit d'ouvrir à Paris un musée reprenant les idées de Marie Tussaud. Il chargea Alfred Grévin, sculpteur et créateur de costumes à la Comédie-Française, de réaliser les personnages qui y seraient présentés. Le « musée Grévin » ouvrit en 1882 boulevard Montmartre, tandis que le Bazaar de Marie Tussaud, outre-manche, prenait le nom de musée de Madame Tussaud.

31 décembre 1808

Les gaz de Gay-Lussac

Admis à l'Académie des sciences à l'âge de 26 ans, figure majeure de la chimie et de la physique de la première moitié du XIXe siècle, Louis Joseph Gay-Lussac rédigea en 1802 un mémoire remarquable, *Recherches sur la dilatation des gaz et des vapeurs*. La même année, une ascension en ballon à plus de 7 000 mètres lui donna l'occasion d'étudier les proportions des gaz dans l'air et les variations de l'intensité magnétique terrestre, ce qui lui permit, en janvier 1805, de présenter à l'Institut sa première loi sur les combinaisons gazeuses.

Le 31 décembre 1808, devant les membres de la Société philomathique (« ami du savoir ») de Paris, il démontra le comportement identique des gaz, qui lui permit d'énoncer la loi volumétrique des combinaisons gazeuses : « Les quantités des corps, dit-il, entrant dans une combinaison chimique quelconque occupent, à l'état de vapeur ou de gaz, des volumes égaux ou multiples, toutes les conditions physiques étant identiques. » D'autre part, « le volume d'une combinaison, à l'état de vapeur ou de gaz, est toujours dans un rapport simple ou multiple avec le volume de chacun des composants, et par conséquent avec la somme de volumes des éléments qui la composent ».

20 décembre 1815

Madame Lavalette fait évader son mari déguisé en femme

Ancien aide de camp de Bonaparte, administrateur de la Poste, Antoine-Marie Chamans, comte de Lavalette, fut accusé de trahison pour avoir pris une part active au retour de Napoléon de l'île d'Elbe, et condamné à mort par la cour d'assises. Malgré l'intervention de Marmont, Pasquier, Decazes et bien d'autres qui réclamèrent sa grâce, Louis XVIII ne se laissa pas fléchir, affirmant que la Chambre « veut des exemples ». L'épouse du condamné, Émilie de Lavalette, tenta une dernière démarche auprès du souverain et de la duchesse d'Angoulême. Ce fut en vain. Elle décida alors de faire évader son mari.

La veille même de son exécution, Lavalette, enfermé à la Conciergerie, reçut l'ultime visite de sa femme et de leur fille Joséphine, âgée de treize ans. Émilie lui proposa d'échanger leurs vêtements : « Elle s'était couverte d'une robe de mérinos doublée en fourrures, écrivit Lavalette dans ses *Mémoires et souvenirs* ; elle avait dans son sac une jupe de taffetas noir. “Il n'en faut pas davantage, me dit-elle, pour vous déguiser parfaitement. Allons, il faut vous habiller”. J'avais fait placer dans ma chambre un paravent pour me faire un cabinet de garde-robe. Nous passâmes derrière. Tout en faisant ma toilette avec une adresse et une prestesse charmantes, elle me disait : “N'oubliez pas de bien baisser la tête au passage des portes. Marchez lentement dans le greffe, comme une personne épuisée par la souffrance.” En moins de trois minutes, la toilette était complète. Nous avançâmes donc tous en silence vers la porte. Le geôlier se fit entendre ; Émilie s'élança derrière le paravent ; la porte s'ouvrit. Je passai le premier, ma fille ensuite. Il fallait lever le pied et en même temps baisser la tête pour que les plumes du chapeau ne rencontrassent pas le haut de la porte. Je tenais mon mouchoir sur les yeux. Le concierge vint à moi, et, plaçant sa main sur mon bras, me dit : “Vous vous retirez de bonne heure, madame la comtesse.” »

L'instant suivant, accompagné de sa fille, Lavalette, le visage toujours dissimulé derrière son mouchoir, s'engouffra dans une chaise à porteurs qui le conduisit jusqu'à l'appartement d'un complice, celui de Bresson, chef de la division des fonds et de la comptabilité au ministère des Affaires étrangères.

Émilie de Lavalette fut cependant découverte par le geôlier derrière le paravent où elle se tenait cachée : « L'alarme donnée, cette femme héroïque se vit en butte aux injures de misérables qui ne pouvaient apprécier son courage. Le procureur général Bellart fit cesser leurs clameurs mais adressa des reproches ridicules à madame de Lavalette et la logea dans une chambre qui donnait sur la cour des femmes, dont les cris et les propos révoltants étaient pour elle un supplice. »

Lavalette quitta Paris le 8 janvier 1816 avec l'aide de trois officiers anglais, dont le général Wilson, qui avait échoué un an plus tôt dans sa tentative de sauver le Maréchal Ney. Celui-ci avait voulu prendre sa revanche. Il lui avait procuré un uniforme anglais et lui avait fait aisément franchir la frontière belge.

Lavalette fit son retour en France après la grâce que lui accorda finalement Louis XVIII, en 1822.

13 février 1820

Le duc de Berry poignardé à l'Opéra

En assassinant le duc de Berry, neveu du roi Louis XVIII, Louis Louvel avait voulu éteindre la dynastie des Bourbons. Geste inutile. Il ignorait que la duchesse de Berry, Caroline de Bourbon-Sicile, était enceinte d'un héritier. Toujours est-il que le soir du 13 février 1820, vers 11 heures, Charles Ferdinand d'Artois venait d'assister à une représentation à l'Opéra et voulut raccompagner à son carrosse son épouse souffrante lorsque, soudain, un homme le frappa d'un coup de poignard dans la poitrine. Le duc fut transporté agonisant dans une pièce de l'Opéra. Les médecins présents lui prodiguèrent saignées et ventouses en attendant l'arrivée, vers une heure du matin, du célèbre docteur Guillaume Dupuytren.

Celui-ci resta cependant impuissant face à la blessure du duc. À l'aube du 14 février, le duc de Berry expira dans les bras du roi.

Le meurtrier avait été arrêté. Il s'agissait donc de Louis Louvel, ouvrier sellier, un ardent bonapartiste qui avoua son crime. Il prétendit avoir agi seul et avoir voulu « détruire la souche des Bourbons » en supprimant le seul prince capable de prolonger la race : « Tout Français, déclara-t-il, qui a porté un jour les armes contre sa patrie perd à jamais sa qualité de citoyen français ; les Bourbons n'ont pas le droit de rentrer en France, et surtout d'y vouloir régner. Louis XVI a été exécuté légalement et justement de l'aveu de la Nation entière ; la Nation serait déshonorée si elle se laissait gouverner par cette race de traîtres. » Il fut condamné à mort le 6 juin et guillotiné le lendemain.

Cet acte antiroyaliste marqua profondément les esprits et entraîna la démission de ministre de la Police Élie Decazes, que les ultras tinrent pour responsable de la mort du duc de Berry. À la date du 3 mars suivant, Chateaubriand écrivit dans *Le Conservateur* : « Ceux qui luttaient encore contre la haine publique n'ont pu résister à la publique douleur. Nos larmes, nos gémissements, nos sanglots ont étonné un imprudent ministre : les pieds lui ont glissé dans le sang ; il est tombé. » On lui reprocha vivement ces dernières paroles : « Les pieds lui ont glissé dans le sang. » Ce n'est que plus tard, dans *Les Mémoires d'outre-tombe*, qu'il s'expliqua : « La mort de M. le duc de Berry accrut les inimitiés de part et d'autre et amena la chute du favori. J'ai dit que les pieds lui glissèrent dans le sang, ce qui ne signifie pas, à Dieu ne plaise ! qu'il fut coupable du meurtre, mais qu'il tomba dans la mare rougie qui se forma sous le couteau de Louvel. »

Le fils posthume du duc de Berry, Henri de Bourbon, naquit le 29 septembre. Il ne répondit pas aux espérances des royalistes. Les élections françaises du 8 février 1871, qui succédèrent à la démission du général Trochu de la présidence de l'État, firent triompher les conservateurs à majorité monarchiste. C'est lui, Henri de Bourbon, comte de Chambord, prétendant légitime au trône, qu'on sollicita alors. Mais il refusa catégoriquement l'étendard tricolore comme emblème national, alléguant qu'il ne pouvait « abandonner le drapeau blanc d'Henri IV, se laisser arracher de ses mains l'étendard de François Ier et de Jeanne d'Arc. »

19 septembre 1822

Champollion met fin au secret des hiéroglyphes

En 1799, lorsque Pierre Bouchard découvrit la célèbre pierre de Rosette, en Égypte, près du village de Rachid, personne ne fut en mesure de déchiffrer le décret du pharaon Ptolémée V Épiphane qui y était inscrit. Il fallut attendre 1822 et le résultat des études de Jean-François Champollion pour en connaître le contenu. Le 19 septembre, l'égyptologue put en effet annoncer à son frère, l'archéologue Jacques-Joseph Champollion, qu'il venait de trouver la clef de l'alphabet des hiéroglyphes. Après de minutieux efforts, il était parvenu à traduire des textes égyptiens copiés par des voyageurs et un fac-similé de la pierre de Rosette qui comportait un texte en hiéroglyphes, en démotique et en grec.

Il révéla sa découverte dans une lettre écrite avec son frère et qui s'intitulait *La Lettre à M. Dacier relative à l'alphabet des hiéroglyphes phonétiques employés par les Égyptiens*. Le 27 septembre, il en fit part à l'Académie des inscriptions et belles-lettres. Son travail avait permis de mettre en évidence que l'écriture de l'ancienne Égypte était basée sur un triple système, à savoir le figuratif, le symbolique et le phonétique. Sa découverte levait enfin le voile sur 3 000 ans d'histoire de l'Égypte.

Jacques-Joseph, de douze ans son aîné, avait été son précepteur et lui avait transmis son goût pour l'archéologie. Il avait pour son frère une admiration sans bornes et était si impressionné par son travail et sa prodigieuse découverte que, toujours, il voulut rester dans l'ombre pour mieux mettre en valeur son cadet. Ainsi refusa-t-il que son nom figure à côté du sien sur leur tombeau du cimetière du Père-Lachaise.

11 mai 1823

Première révélation du cancer de Napoléon Ier

Le médecin italien Cesare Lombroso citait Napoléon Ier comme étant le type même de la nature épileptique du génie. Il voyait dans les qualités d'extension intellectuelle, d'émotivité, d'irritabilité et d'égoïsme de l'Empereur tous les caractères de l'épilepsie augmentée de troubles psychiques, dont l'hallucination. Si cette thèse fit l'objet d'une controverse, ce fut toujours sans fondement. On admet en revanche plus facilement que Napoléon fut un dépressif dit « bipolaire » et que cet homme si instruit et si intelligent confondait maladivement certains mots. De nombreux diplomates étrangers s'étonnaient en effet qu'il s'exprimât dans un français pour le moins approximatif. Il disait les « sections » pour « sessions », les îles « Philippiques » pour « Philippines », les rentes « voyagères » et le point « fulminant » de la montagne. Il confondait même, ce qui était plus grave, « armistice » et « amnistie » !

Quant à son fameux ulcère à l'estomac, qui expliquerait la raison pour laquelle il portait fréquemment la main dans son gilet, des études ont démontré qu'il s'agissait en fait d'un cancer. En mai 1823, prenant en considération l'autopsie faite deux ans plus tôt sur le corps de l'Empereur, le docteur Rullier soulignait « un petit engorgement cancéreux de l'estomac, extrêmement circonscrit, perforé à son centre, et suivi de l'épanchement des aliments dans l'abdomen ». La thèse de l'empoisonnement à l'arsenic sur la personne de l'exilé de Sainte-Hélène ayant été régulièrement écartée, les médecins modernes assurent que Napoléon a succombé à son « cancer gastrique perforé-bouché par le foie ». Mais cette assertion divisera encore longtemps les experts.

26 octobre 1831

Les tueurs en série de l'Auberge rouge

Le 12 octobre 1831, Pierre Martin, propriétaire de l'auberge de Peyrebeille, dans l'Ardèche, se rendit à la foire de Saint-Cirgues-en-Montagne. Il y rencontra Jean-Antoine Enjolras. Ce riche agriculteur de la région lui réclama le prix d'une vache qu'il lui avait vendu quelque temps plus tôt. Pierre Martin lui proposa de venir en parler dans son auberge. Au lieu de prendre le chemin direct qui de Saint-Cirgues-en-Montagne allait à Coucouron et de là à Saint-Paul de-Tarlas, comme à Peyrebeille, Enjolras et Martin suivirent en la remontant, la petite vallée d'un affluent du Vernazon qui tombait à Saint-Cirgues et conduisait par les flancs de la montagne et la forêt de Mazan au plateau de Peyrebeille. C'est dans cette vallée que le corps d'Enjolras, mutilé et assassiné, fut découvert le 26 octobre suivant. Lorsque l'on retrouva dans un tonneau de l'auberge de Peyrebeille la lanterne qui lui appartenait et grâce à laquelle les deux hommes avaient pu terminer leur chemin alors que la nuit était tombée, on comprit qu'Enjolras avait d'abord passé la nuit chez Martin et sa femme Marie Breysse. Les enquêteurs accusèrent du meurtre Martin, Marie Breysse et Jean Rochette, leur domestique. Ils découvrirent qu'ils n'en étaient pas à leur premier crime. En vingt-six ans, quelque quarante ou cinquante voyageurs, pendant leur sommeil, avaient péri sous leur couteau pour être détroussés.

Le procès des aubergistes s'ouvrit le 18 juin 1833 à Privas. Sur le témoignage d'un vagabond, nommé Laurent Chaze, qui prétendit avoir assisté au crime d'Enjolras, ils furent reconnus coupables du seul meurtre de ce dernier. Louis-Philippe refusa de les gracier et tous les trois furent guillotinés devant leur auberge, le 2 octobre 1833, en présence d'une foule de 30 000 personnes qui avaient suivi la charrette des condamnés depuis la veille, au départ de Privas. « Lorsqu'ils furent sur l'échafaud, dit un témoin, Rochette apostrophant son maître, lui dit : "Voilà, Martin, où nous ont conduits vos coquineries !" Martin répondit : "Qu'importe de mourir aujourd'hui ou plus tard !" »

L'auberge de Peyrebeille fut dès lors surnommée « Coupe-gorge » ou « l'Auberge sanglante ». Honoré de Balzac, qui fut le premier à retracer ce drame, l'appela « l'Auberge rouge » dans la nouvelle du même nom. Il situa son histoire à la frontière allemande et substitua à Enjolras un très vieux juif rentrant chez lui au bord du Rhin, et qui se vantait, lors du souper, d'avoir un beau magot dans ses bagages.

Les historiens et spécialistes en criminologie allaient longtemps douter de la culpabilité de Pierre Martin, Marie Breysse et Jean Rochette. Ils mirent particulièrement en avant leurs convictions royalistes à une époque où la politique était loin d'être favorable au roi Louis-Philippe. Pierre était en effet surnommé « le blanc », surnom qui avait été plus d'une fois l'objet des rigueurs de la justice. Marie Breysse, elle, avait plusieurs fois caché des prêtres à l'époque des répressions révolutionnaires.

En outre, des pièces accablantes, auxquels les juges refusèrent d'accorder du crédit, disculpaient Pierre

Martin, attestant que celui-ci, au moment du meurtre d'Enjolras, n'était plus propriétaire de l'auberge de Peyrebeille et qu'il vivait séparé de sa femme.

21 novembre 1831

LES CANUTS SE RÉVOLTENT

L'invention des métiers Jacquard par le Lyonnais du même nom contribua fortement à l'essor de l'industrie de la soie en France. Cependant, la concurrence étrangère augmenta et imposa bientôt la baisse du prix de revient et donc des salaires. À Lyon, les fameux canuts, ouvriers tisserands de la soie, subirent la chute du prix des façons et la hausse de celui du pain. Ils revendiquèrent le droit de gagner plus et réclamèrent l'intervention du préfet auprès des marchands, qui n'acceptèrent aucune négociation.

Par conséquent, le 21 novembre 1831, ils manifestèrent massivement dans les rues de Lyon et affrontèrent violemment la garde nationale, qui riposta en tirant. Ce fut l'insurrection. Casimir Perier, Président du Conseil, envoya 36 000 hommes sous le commandement du maréchal Soult. Les troupes furent d'abord surprises dans les rues étroites reliées à travers les maisons par les « traboules », ces passages typiquement lyonnais dans lesquelles les insurgés circulaient à leur guise.

Mais le 5 décembre, l'ordre fut complètement rétabli. Ce mouvement, qui avait fait 600 tués chez les canuts, fut, en France, la première tentative de revendication ouvrière organisée.

26 mars 1832

La colère du choléra

Le choléra s'abattit pour la première fois sur la France en mars 1832. C'est le 26 que les médecins en reconnurent les symptômes sur le corps d'une victime retrouvée dans les rues de Paris. Dans la capitale, dès les premiers jours, quatre personnes furent tuées par des excités, convaincus qu'il s'agissait d'empoisonneurs. Ce crime conduisit le préfet de police à publier une proclamation officielle dans laquelle il recommandait aux porteurs d'eau, aux laitières et aux marchands de vin de prendre garde à d'éventuelles contaminations par des gens diaboliques. On prit ses craintes absurdes pour une réelle menace et la chasse aux sorcières s'ouvrit immédiatement.

Au mois de mai, en marge des frissons qu'avait répandus le préfet de police, on compta plus de dix mille victimes de l'épidémie. Le *Journal des Débats* publia cette annonce : « Tous les hommes atteints de ce mal épidémique, mais que l'on ne croit pas contagieux, appartiennent à la classe du peuple. Ils habitent les rues sales et étroites de la Cité et du quartier Notre-Dame. » Les chefs de l'Hôtel-Dieu, observant que la plupart des médecins qui soignaient les malades n'avaient pas contracté le choléra, annoncèrent que la maladie n'était pas contagieuse. Pourtant, le 16 mai, le président du Conseil lui-même, Casimir Perier, mourut, contaminé par les malades de l'Hôtel-Dieu auxquels il avait rendu visite le 1er avril.

En revanche, Alexandre Dumas échappa de justesse aux effets du mal. Pris de fièvre en pleine nuit, il engloutit par mégarde un flacon entier d'éther qu'il avait pris pour du thé vert, remède prétendument efficace pour repousser les atteintes du choléra. Au matin, il se réveilla guéri.

Le fléau se résorba au mois de juin. Il avait fauché plus de dix-huit mille personnes dans la seule capitale. L'historien Anaïs Bazin, témoin de ses ravages, écrivit : « On sentait partout le choléra dans l'odeur sépulcrale du chlore. On le retrouvait dans la ceinture de flanelle, dans les chaussettes de laine ; on s'habillait du choléra. Dehors, vous le rencontriez embusqué au vitrage de chaque boutique, vous menaçant de son gigantesque nom si vous n'entriez pas bien vite acheter des flacons, des sachets, des gants, des pommades, des bonbons, des gâteaux, du vin de rancio, du tabac ; que sais-je ? Tout ce dont les magasins voulaient se dégarnir. L'épidémie poursuivait sans pitié sa récolte de morts ; et l'on eût dit vraiment qu'il y avait dans la puissance inconnue qui dirigeait ses coups quelque chose d'intelligent et de moqueur, tant elle se montrait prompte à renverser toutes les assertions de la science, à démentir toutes ses prédictions, à nous ôter l'un après l'autre toutes nos espérances, tant elle semblait trouver un malin plaisir à ne pas se laisser comprendre. »

La France fut encore touchée par le fléau en 1849 puis en 1854. En découvrant le bacille *Vibrio cholerae*, en 1883, le médecin allemand Robert Koch permit de mettre un terme aux épidémies de choléra.

29 juillet 1836

De l'Arc d'Austerlitz à l'Arc de Triomphe

C'est au lendemain de la bataille d'Austerlitz que Napoléon Ier songea à faire élever un arc de Triomphe à Paris, qui s'appellerait « l'Arc d'Austerlitz ». Il s'en ouvrit à l'architecte Jean-François Chalgrin, qui lui proposa de l'édifier du côté de la grille Chaillot, sur la colline de l'Étoile : « Un arc de triomphe, lui dit Chalgrin, y fermerait de la manière la plus majestueuse et la plus pittoresque le superbe point de vue que l'on a du château impérial des Tuileries. Il frapperait d'admiration le voyageur entrant dans Paris et imprimerait à celui qui s'éloigne de la capitale un profond souvenir de son incomparable beauté. » Par décret du 18 février 1806, l'Empereur lui en confia la réalisation.

À la mort de Chalgrin, en 1811, Jean-Nicolas Huyot, chargé de prendre sa succession, voulut flanquer de colonnes chaque face de l'Arc. L'administration s'opposa à ce projet et le révoqua pour le remplacer par Abel Blouet, qui reprit l'élévation du monument alors abandonnée à mi-hauteur depuis quinze ans. Cependant, la décoration de l'Arc s'était poursuivie et avait demandé l'emploi d'une douzaine de sculpteurs. En 1835, la frise qui faisait le tour fut achevée. Elle ne mesurait pas moins de 140 mètres de long sur 2 de haut. Les quatre reliefs ornant les façades principales des piédroits, dont *Le Départ des volontaires*, exécuté par François Rude et communément appelé *La Marseillaise*, furent terminés en 1836. Louis-Philippe l'inaugura le 29 juillet. Le roi le dédia aux armées de la Révolution et de l'Empire. Dans l'axe parfait de l'Arc de Triomphe, au centre de la Concorde, s'éleva, à partir du 29 octobre de la même année, *L'obélisque de Louxor*, offert à la France par le vice-roi d'Égypte Mehmet Ali.

19 août 1839

Le daguerréotype est divulgué à l'Institut de France

Le physicien Nicéphore Niepce annonça à son frère Claude, en juillet 1823, qu'il tenait « le principe essen-

tiel de la chose ». Après avoir découvert le procédé de la chambre noire en 1816, il ne parvenait à sortir que des clichés en négatif. Puis un jour, il plaça dans une caisse de bois carrée une plaque enduite de bitume de Judée, et, l'exposant aux rayons lumineux, il put enfin obtenir une image fidèle de la nature.
À sa mort, en 1833, son ami Louis Daguerre perfectionna son procédé. Ce peintre de décors de théâtre put reproduire les images avec une netteté encore inconnue jusqu'ici. Sa nouveauté consistait à soumettre une plaque de cuivre ou d'argent à l'action de la lumière à l'intérieur d'une chambre noire. Ensuite, on révélait l'image en libérant des vapeurs de mercure avant de la fixer par lavage à l'eau salée.

Daguerre, passionné de jeux de lumière et d'optique, avait pris goût à la photographie au contact de Niepce. Il améliora si bien l'œuvre de celui-ci qu'il crut pouvoir s'attribuer seul la paternité de cette invention. Il lui donna même son nom. En janvier 1839, le savant François Arago présenta en personne le daguerréotype à l'Académie des sciences. Le 19 août, Daguerre le présenta à son tour à l'Institut de France, lors d'une séance officielle, à la suite de quoi le gouvernement lui acheta à grand prix le brevet pour le verser dans le domaine public. En outre, Daguerre reçut la Légion d'honneur pour son invention. Il s'accaparait ainsi à la fois la gloire et les bénéfices d'une découverte à laquelle il n'avait apporté que de petits perfectionnements.

Dix ans avant lui, un certain Hippolyte Bayard, ancien associé de Niepce, avait perfectionné lui aussi le procédé de ce dernier. Il soumit ses études à Arago à la même époque où Daguerre était salué par l'ensemble de la communauté scientifique. Le savant et ministre, alors très lié avec l'inventeur du daguerréotype, n'eut aucun scrupule à le rejeter dans l'ombre tout en ayant soin de ne parler à personne de sa visite.

12 juillet 1845

Les « enfumades » du général de Saint-Arnaud

« Ce général avait les états de service d'un chacal », écrivait Victor Hugo d'Achille de Saint-Arnaud. Saint-Arnaud s'illustra sinistrement lors de la colonisation de l'Algérie à partir de 1837. S'efforçant d'obtenir la soumission de tous les indigènes, il pratiquait dans les montagnes, à l'instar du général Cavaignac, ce qu'il appelait « l'enfumade ». Il rabattait les victimes vers des cavernes, devant lesquelles des sentinelles étaient postées pour empêcher quiconque de fuir. Puis on rassemblait des fascines et on y mettait le feu.

Le 12 juillet 1845, Saint-Arnaud, après avoir poursuivi la tribu résistante des Beni Sebah, à Ténès, employa l'une de ses glorieuses enfumades pour l'exterminer. Il écrivit plus tard dans une lettre à son frère :

« Le neuf, commencement des travaux de siège, blocus, mines, pétards, sommations, instances, prière de sortir et de se rendre. Réponse : injure, blasphème, coup de fusil. Feux allumés, dix, onze, mêmes répétitions. Un arabe sort le onze, engage ses compatriotes à sortir ; il refuse. Le douze, onze Arabes sortent, les autres tirent des coups de fusil. Alors je fais hermétiquement boucher toutes les issues et je fais un vaste cimetière. La terre couvrira à jamais les cadavres de ses fanatiques. Personne n'est descendu dans les cavernes ; personne que moi ne sait qu'il y a là-dessous cinq cents brigands qui n'égorgeront plus les Français. Un rapport confidentiel a tout dit au maréchal simplement, sans poésie terrible ni image. Frère, personne n'est bon par nature comme moi. Du huit au douze, j'ai été malade, mais ma conscience ne me reproche rien. J'ai fait mon devoir de chef, et demain je recommencerai, mais j'ai pris l'Afrique en dégoût. »

Le colonel Pélissier, le fameux général Bugeaud, le lieutenant-colonel Berthier et bien d'autres pratiquèrent l'enfumade, mais Saint-Arnaud fut le seul à s'en vanter.

Le poète Lamartine, alors député, dénonça sévèrement ces odieuses méthodes. Lors d'une session parlementaire, en 1846, il s'exprima ainsi : « On me dit la guerre est la guerre, mais la guerre des peuples civilisés et la guerre des sauvages, des barbares, sont deux guerres différentes. Je dis qu'il n'y aurait dans ce temps ni dans l'avenir aucune excuse qui pût effacer un pareil système de guerre, dans l'état de force, de discipline, de grandeur et de générosité que nous commande notre situation civilisée ! J'ai les mains pleines d'horreur, je ne les ouvre qu'à moitié ! »

1er janvier 1849

Mise en vente du premier timbre-poste

Au début des années 1800, le courrier postal était acheminé en une moyenne de dix jours d'une ville de France à l'autre. L'extension du réseau routier et la multiplication des itinéraires parcourus par les diligences améliorèrent bientôt le délai de distribution des lettres. En effet, en avril 1830, fut organisé un service plus régulier de distribution qui permettait au destinataire de recevoir son courrier en deux ou trois jours. Ce service était accompli par cinq mille facteurs qui, chaque jour, même le dimanche, parcouraient jusqu'à 20 kilomètres.

Le progrès de la poste allait encore connaître des améliorations avec l'établissement du premier timbre, destiné à simplifier les échanges postaux. Jusqu'alors, pour prendre possession d'une lettre, le destinataire devait se rendre au bureau le plus proche et régler lui-même les frais de port.

En avril 1848, prenant exemple sur l'Angleterre, le Parlement français décida que les expéditeurs devraient désormais appliquer sur les enveloppes « une vignette collable », qui allait rapidement prendre le nom de timbre.

Celui-ci, de couleur noire, orné d'un profil de Cérès, fut mis en vente pour la première fois le 1er janvier 1849. Son tarif était uniforme pour toute la France mais variable selon le poids de la lettre : 20 centimes pour la lettre jusqu'à 7 g et demi, 40 centimes jusqu'à 15 g, 1 franc jusqu'à 100 g.

Le Trésor ayant perdu dix-sept millions de francs la première année, les tarifs augmentèrent dès le mois de mai 1850. Cette augmentation permit toutefois la mise en place, en quelques mois, de 100 000 boîtes aux lettres répartis dans 18 000 bureaux.

26 janvier 1855

Gérard de Nerval promène un homard en laisse...

Le poète Gérard de Nerval fut conduit pour la première fois à la maison de santé du docteur Blanche, à Montmartre, en février 1840. On venait de le retrouver divaguant nu dans la rue. Libéré au bout de quelques mois, il devait être de nombreuses fois victime de bouffées délirantes. Vers la fin de sa vie, on put notamment l'apercevoir se promener dans les jardins du Palais-Royal, à Paris, en tenant un homard en laisse. Il expliqua : « J'ai le goût des homards qui sont tranquilles, sérieux, savent les secrets de la mer et n'aboient pas. » C'est à partir de cet épisode que l'on comprit que le poète avait totalement sombré dans la démence. « Je suis le ténébreux, le veuf, l'inconsolé », écrivait-il dans *Les Chimères* en 1854. L'année suivante, dans la nuit du 26 janvier 1855, « l'inconsolé » se pendit aux barreaux d'une grille d'égout de la rue de la Vieille-Lanterne, dans le quartier parisien du Châtelet, à l'endroit précis de l'actuel trou du souffleur du théâtre Sarah-Bernhardt. La veille, il avait laissé un mot à sa tante : « Ne m'attends pas ce soir, car la nuit sera blanche et noire. »

24 juillet 1855

La dévouée créancière de Napoléon III

Après la révolution de 1848, Louis-Napoléon posa sa candidature à l'élection présidentielle. Pour financer sa campagne électorale, sa maîtresse Elizabeth-Ann Haryctt, dite miss Howard, hypothéqua ses maisons de Londres, vendit ses chevaux de selle, mit en gage tous ses bijoux et céda à son amant ses droits et intérêts sur le domaine de Civitanova, en Italie, pour trois millions de francs or. Louis-Napoléon fut élu le 10 décembre.

En 1851, l'argent venant à manquer pour organiser son coup d'État, il sollicita miss Howard, qui lui remit encore plus de deux millions de francs or. Le 2 décembre, l'Assemblée fut dissoute et le soulèvement parisien réprimé. Louis-Napoléon fut proclamé empereur des Français sous le nom de Napoléon III. Il chercha alors « son » impératrice et fit négocier par son ministre Fleury ses fiançailles avec Caroline Wasa, petite-fille du feu roi de Suède Gustave IV. Fleury ayant échoué auprès de la famille d'Adélaïde de Hohenlohe, l'empereur tourna ses vues vers la comtesse espagnole Eugénie de Montijo, qui accepta avec empressement de le rencontrer. À cette annonce, se sentant délaissée, miss Howard, ivre de jalousie, se posa alors en créancière privilégiée et réclama les cinq millions or dont l'empereur lui était redevable. Elle lui rappela qu'elle avait en sa possession des reconnaissances de dettes.

Cette imprudence provoqua la colère de Napoléon III, qui décida de la renvoyer. Quelques jours plus tard, il revint sur sa décision de se séparer d'elle, et lui confia même une mission en Angleterre. Il s'agissait d'y étudier une affaire obscure dans laquelle il était menacé de scandale par un quelconque maître chanteur. Miss Howard accepta. Le 23 janvier 1853, alors qu'elle attendait le paquebot de Southampton, elle apprit par les journaux que : « Sa Majesté l'Empereur a annoncé hier aux grands corps de l'État ses fiançailles avec Eugénie de Montijo. » De retour à Paris, elle constata que son hôtel de la rue du Cirque avait subi une perquisition en son absence, le préfet de police Maupas ayant reçu l'ordre de mettre la main sur ses volumineuses correspondances échangées autrefois avec Louis-Napoléon, et surtout sur les fameuses reconnaissances de dettes. Le chef de cabinet impérial vint lui remettre en outre un contrat de rupture, qu'elle dut signer sans délai.

Elle obtint l'autorisation de se retirer dans son château de Beauregard. Elle écrivit à l'empereur : « Sire, je vais partir. Je me serais aisément sacrifiée à une nécessité politique, mais je ne puis vous pardonner de m'immoler à un caprice. Je sollicite seulement une dernière entrevue pour vous faire un adieu éternel. » Elle rencontra Napoléon à Saint-Cloud et en repartit avec une rente de 200 000 francs et l'assurance d'être intégralement remboursée de ses avances financières. Elle reçut un premier acompte d'un million de francs le 25 mars 1854 et fit parvenir une quittance aux Tuileries.

Le 24 juillet 1855, après avoir établi des comptes d'apothicaire, elle envoya à l'empereur la facture détaillée des 4 449 000 francs or qu'il lui devait encore : « Mon très cher ami. Nous sommes aujourd'hui le 24 juillet et je vois avec peine que les engagements pris envers moi ne sont pas accomplis. Si les choses doivent en être ainsi, j'aurais mieux fait de garder les cinq millions. Le cœur me saigne d'écrire ceci. Le vôtre est trop bon pour laisser une femme qu'il a aimée tendrement dans une fausse position où il ne voudrait pas être lui-même. Je prie Dieu qu'il ne soit plus question d'argent entre moi et vous, qui avez un tout autre sentiment dans mon cœur ! Je vous embrasse tendrement et vous aime de même. »

Jusqu'à la fin de sa vie, elle s'acharna à se faire rembourser le reste de ses prêts et harcela l'empereur de courriers. Napoléon III ne lui remboursa jamais.

1860
Félix Potin invente la grande distribution

Fils de cultivateur, ancien clerc de notaire reconverti à l'épicerie, Jean-Louis-Félix Potin n'avait que vingt-quatre ans lorsqu'il ouvrit, en 1844, son premier magasin, près de l'embarcadère Saint-Lazare. À une époque où les épiciers étaient jugés malhonnêtes et hostiles aux innovations sociales, où ils ressemblaient encore aux marchands du Moyen Âge, Félix Potin révolutionna le commerce en recevant ses clients dans un magasin propre, livrant exactement le poids des produits facturés, appliquant un rapport qualité-prix sans précédent, affichant les prix des articles pour éviter toute négociation et malentendu. Ce pionnier de la grande distribution ne tarda pas à faire des émules puisque *Le Bon Marché* ouvrit ses portes en 1852 et que *Le Printemps* et *La Samaritaine* l'imitera respectivement en 1865 et 1869.

Le succès de Félix Potin fut tel qu'il inaugura en 1860, boulevard de Sébastopol, un magasin géant, la première grande surface d'épicerie construite sur deux niveaux.

Elle eut dans Paris et la banlieue des succursales ravitaillées chaque jour par des voitures attelées de deux chevaux. Afin de gagner du temps, ces voitures étaient dotées chacune d'un pigeon voyageur que le gérant de la succursale lâchait, dès la livraison, avec une commande qui pouvait être préparée le soir même.

Potin ne s'arrêta pas là. En 1864, désirant être en partie son propre fournisseur, il se rendit propriétaire d'une distillerie et d'une chocolaterie dont les produits portèrent son nom. En 1870, il inventa même le service de livraison à domicile.

Enfin, pour fidéliser sa nombreuse clientèle, il fut le premier au monde à lui offrir des photographies représentant de grandes personnalités : Charles Baudelaire, Alexandre Dumas, George Sand, le sculpteur David d'Angers, Jules Ferry, Gambetta, le docteur Charcot ou encore Gustave Eiffel.

Septembre 1863
NAPOLÉON III TRAHI PAR UN ÉPAGNEUL

La comédienne Marguerite Bellanger, parfois surnommée *Margot la Rigoleuse* en raison des rôles burlesques qu'elle incarnait, rencontra Napoléon III en juin 1863, pendant un violent orage, lors d'une soirée costumée dans le parc de Saint-Cloud. Le lendemain, elle se présenta aux Tuileries en sollicitant une audience pour soi-disant remettre à l'empereur un objet qu'il lui avait confié. L'entrevue fut décisive : Napoléon III ressentit pour elle son traditionnel coup de foudre et, quelques jours plus tard, lui accorda une seconde audience, plus particulière, dans une petite maison de la rue du Bac, où il avait l'habitude de recevoir ses maîtresses. Marguerite Bellanger disposa dès lors de nombreux domestiques, de chevaux, de voitures et d'un épagneul « fort encombrant ». Lorsque la cour se trouvait à Saint-Cloud, elle logeait dans une petite maison de Montretout, bâtie contre le mur de la partie réservée du parc. Elle accompagnait son amant lorsque celui-ci allait prendre les eaux à Vichy. Elle séjournait alors dans un chalet voisin de la villa impériale et Napoléon lui rendait visite sans oublier d'apporter du sucre à son épagneul.

C'est l'existence de ce chien qui finit par révéler à l'Impératrice Eugénie la liaison extraconjugale de son époux, un jour de septembre où, se promenant tous les deux place Rosalie, à Vichy, l'animal se précipita sur Napoléon et lui fit tant de démonstrations d'affection qu'Eugénie, surprise, se renseigna. Lorsqu'elle apprit qu'il s'agissait du chien de « la Bellanger », elle devina tout, fit une scène à son mari, et, furieuse, regagna Paris. Elle fit dès lors fréquemment et ouvertement allusion à Marguerite, qu'elle traita d'« excrément de la terre ». Elle quitta Napoléon malgré ses suppliques et revint deux mois plus tard en lui signifiant : « Désormais, il n'y a plus d'Eugénie, il n'y a plus que l'Impératrice. »

L'empereur volage poursuivit cependant son aventure avec Marguerite. Ils n'allaient se séparer que deux ans plus tard, deux ans pendant lesquels l'Impératrice lui fit mener une vie impossible. Il fut si tyrannisé que lorsque Marguerite lui apprit qu'elle était enceinte de ses œuvres, il craignit les foudres d'Eugénie et exigea de sa maîtresse qu'elle déclare par écrit que l'enfant était d'un autre. Marguerite s'exécuta et lui adressa deux lettres dans lesquelles elle faisait croire que le père de l'enfant, prénommé Charles-Jules-Auguste, était d'un autre amant. Ce ne fut qu'au siècle suivant que des documents authentiques révélèrent la vérité à l'opinion publique.

28 novembre 1867
N'avouez jamais !

Le 19 mars 1867, des ouvriers découvrirent sur les bords de la Seine un cadavre découpé à la hache. Les enquêteurs arrêtèrent un suspect : un boucher récidiviste du nom de Jean-Charles Avinain, vite accusé du meurtre. Son procès débuta le 23 octobre suivant, à Paris.

À l'audience du 26, l'avocat général Brière-Valigny, s'adressant aux jurés, leur déclara : « S'il y avait dans cette salle un de ces philosophes humanitaires qui doutent de l'efficacité de la peine de mort, je lui demanderais de regarder l'homme qui se débat sur ce banc, cet homme qui attache toute son espérance à un châtiment perpétuel et s'épuise en vains efforts pour obtenir une peine qui lui laisse la vie. Que cet épouvantable scélérat soit traité sans pitié. Je déclare hautement que j'entends réclamer ma part de responsabilité dans le verdict inflexible que vous allez rendre. »

Il fut reconnu coupable et condamné à la guillotine sans avoir avoué. On lui promit alors la grâce impériale s'il reconnaissait son crime. Il se décida à avouer, reconnut tout ce qu'on lui reprochait, n'émit aucune protestation.

Mais en dépit de la promesse, Napoléon III rejeta la grâce. Maître Massoni, l'avocat d'Avinain, écrivit le 23 novembre à l'empereur pour lui demander de revenir sur sa décision. Avinain lui-même le supplia. En vain. Le 28 novembre, l'échafaud était dressé au rond-point de la Roquette. Arrivé au pied de la guillotine, Avinain, désabusé mais clairvoyant, s'adressa à la foule : « Surtout n'avouez jamais ! » Près d'un siècle plus tard, maître René Floriot, le célèbre avocat qui défendit entre autres Marcel Petiot, déclara un jour : « "N'avouez jamais" est un conseil néfaste en justice, mais toujours excellent en amour. »

30 janvier 1875

Le président de la République est élu pour sept ans

Le 30 janvier 1875, l'historien et homme politique français Henri Wallon se rendit célèbre en présentant à la Chambre sa proposition pour l'établissement de la République dont le président serait élu pour sept ans et rééligible. Au milieu des rumeurs, des exclamations et des rires, il déclara : « Messieurs, je ne proclame rien, je prends ce qui est. J'appelle les choses par leur nom ; je les prends sous le nom que vous avez accepté, que vous acceptez encore, et je veux faire que ce Gouvernement qui est, dure tant que vous ne trouverez pas quelque chose de mieux à faire. Mais, dira-t-on, vous n'en faites pas moins la République ! À cela je réponds tout simplement : Si la République ne convient pas à la France, la plus sûre manière d'en finir avec elle, c'est de la faire. » Son amendement fut voté à une voix de majorité.

11 mai 1880

L'enterrement mouvementé de Gustave Flaubert

Gustave Flaubert s'éteignit le 8 mai 1880. Le 11 eut lieu son inhumation, au cimetière de Rouen, en présence des plus grands hommes de lettres du moment : Guy de Maupassant, Alphonse Daudet, Edmond de

Goncourt, Victor Hugo. Son cercueil, trop volumineux pour le caveau qu'on lui avait préparé, resta coincé la tête en bas, sous l'œil affligé d'Émile Zola qui écrivit : « Et, alors, s'est passé un fait qui nous a tous bouleversés. Quand on a descendu le cercueil dans le caveau, ce cercueil trop grand, un cercueil de géant, n'a jamais pu entrer. Pendant plusieurs minutes, les fossoyeurs, commandés par un homme maigre, à large chapeau noir, une figure sortie de Han d'Islande, ont travaillé avec de lourds efforts ; mais le cercueil, la tête en bas, ne voulait ni remonter ni descendre davantage, et l'on entendait les cordes crier et le bois se plaindre. C'était atroce ; la nièce que Flaubert a tant aimée sanglotait au bord du caveau. Enfin, des voix ont murmuré : "Assez, assez, attendez plus tard." Nous sommes partis, abandonnant là notre « vieux », entré de biais dans la terre. Mon cœur éclatait. »

7 mars 1884

POUBELLE
INVENTE… LA POUBELLE

Eugène Poubelle fut nommé préfet de Charente par Adolphe Thiers, président du Conseil, avant d'être préfet de l'Isère, de la Corse, du Doubs, des Bouches-du-Rhône, et enfin de la Seine, en 1883, dont dépendait la ville Paris. À une époque où la fonction de

maire avait été provisoirement supprimée, c'est les préfets qui administraient les communes. Face à la situation intolérable de l'assainissement de la capitale, Poubelle décida d'imposer aux habitants un simple réceptacle destiné aux ordures ménagères. Son secrétaire Vauthiers proposa en son nom le projet au conseil municipal. Les conseillers étaient alors mobilisés par les prochaines élections. Sans même consulter le cahier des charges, ils donnèrent leur accord à cette initiative qu'ils jugèrent ordinaire et sans conséquences, alors qu'elle allait immortaliser le nom de Poubelle.

Le préfet Poubelle put donc rédiger son arrêté, et, en prévision des vagues d'épidémies attendues pour l'été, le publia le 7 mars 1884. Il disait en substance : « Il devient désormais interdit de jeter par les fenêtres, tant de jour que de nuit, aucune eaux, urine, matière fécale et autre ordure sous peine de trois cents livres d'amende. Le propriétaire de chaque immeuble devra mettre à la disposition de ses locataires un ou plusieurs récipients communs pour recevoir les résidus de ménage. »

Poubelle avait non seulement établi la dimension et la contenance de ces boîtes à ordures mais avait aussi songé à les faire distribuer par trois, dans le but d'organiser un tri sélectif. Le premier devait recevoir les matières putrescibles, le second les papiers et chiffons, le troisième les verres et la faïence. Les boîtes devaient être vidées chaque matin, dans des tombereaux prévus à cet usage, par des balayeurs municipaux qui annonceraient leur venue au son d'une corne semblable à celle qu'utilisent les employés de chemin de fer. En publiant cet arrêté, Poubelle bannissait entre autres le métier très répandu de chiffonnier dans la capitale. Cette loi souleva ainsi l'indignation des personnes directement concernées, mais également des hygiénistes qui prétendaient que cette mesure ne ferait qu'accroître la putréfaction à l'intérieur des logements pendant la nuit et dans les boîtes elles-mêmes. Les élus, qui voulaient préserver leur électorat, se sentirent profondément dupés. Les Parisiens les plus mécontents donnèrent d'ailleurs bientôt le nom de leur préfet à ces réceptacles à ordures.

Au lendemain de l'épidémie de choléra de 1892, le préfet Poubelle se distingua par une autre mise en place à laquelle la salubrité publique lui demeurera à jamais redevable : le tout-à-l'égout.

7 octobre 1887

Le scandale des décorations

En 1887, le président de la République Jules Grévy se heurtait d'une part aux radicaux mécontents des expéditions coloniales et à la politique scolaire de Jules Ferry lorsqu'éclata l'affaire des décorations, qui devait jeter le discrédit sur le régime parlementaire. En septembre 1887, une enquête de police découvrit une officine, dirigée par une certaine dame Limouzin, où se pratiquait un trafic de décorations. Le 7 octobre, plusieurs personnalités furent mises en cause, parmi lesquelles le député Daniel Wilson, propre gendre de Jules Grévy. Wilson fut accusé d'utiliser les services de l'Élysée pour attribuer des subventions à des journaux de province et à user de son influence pour faire accorder la Légion d'honneur. De plus, pour éloigner les soupçons, il maquilla certaines pièces de son dossier. Mais une commission d'enquête s'en aperçut et dès lors l'affaire s'aggrava. Le cabinet Rouvier, violemment attaqué par Clemenceau, fut contraint à la démission et Jules Grévy directement mis en cause. Le président de la République, confiant, déclara : « Je suis inébranlable comme un roc. » Mais l'opinion publique et de violentes manifestations le contraignirent, le 2 décembre, à démissionner à son tour. Dès le lendemain, les Chambres se réunirent à Versailles pour élire un successeur. Clemenceau obtint l'élection de Sadi Carnot. Le 12 décembre, la crise s'acheva avec la formation du gouvernement Tirard, mais elle laissait de profondes séquelles. Le scandale des Décorations avait renforcé la popularité du général Boulanger, qui devint le chef des « syndicats de tous les mécontents ». Quant à Wilson, il fut condamné à deux ans de prison puis acquitté en appel et réélu deux fois député.

Septembre 1895

Émile Zola devient le sujet d'un psychiatre

« Ah ! Le pauvre écorché que je suis, écrivait Zola, frémissant et souffrant au moindre souffle d'air, ne s'as-

seyant chaque matin à sa tâche quotidienne que dans l'angoisse, ne parvenant à faire son œuvre que dans le continuel combat de sa volonté sur son doute ! » En 1895, le romancier accepta de devenir le sujet du jeune psychiatre Édouard Toulouse. Il écrivit l'année suivante une lettre flamboyante autorisant la publication de sa propre observation qui fut imprimée dans un journal, et ensuite en tête du livre de Toulouse : « Vous me soumettez le travail que vous avez fait sur mon individualité physique et morale, expliquait-il au psychiatre, et vous me demandez l'autorisation de publier ce travail. Je vous la donne parce que je n'ai jamais rien caché, n'ayant rien à cacher. Mon cerveau est comme dans un crâne de verre, je l'ai donné à tous et je ne crains pas que tous viennent y lire. Et quand à ma guenille humaine, puisque vous croyez qu'elle peut être bonne à quelque chose, comme enseignement et comme leçon, prenez la donc : elle est à vous, elle est à tous. Si elle a quelques tares, elle me semble pourtant qu'elle est assez saine et assez forte pour que je ne sois pas trop honteux d'elle. Merci, mon cher docteur, d'avoir étudié et étiqueté ma guenille, je crois bien que j'y ai gagné. Si elle n'est point parfaite, elle est celle d'un homme qui a donné sa vie au travail et qui a mis pour et dans le travail, toutes ses forces physiques, intellectuelles et morales. »

Le docteur Toulouse nous apprend entre autres que pour conjurer le mauvais sort, Zola ne pouvait pas monter un escalier sans en compter les marches, descendre une rue sans compter les becs de gaz, multiplier les numéros de porte et surtout compter les numéros des fiacres dont il additionnait tous les chiffres comme des unités. Il franchissait un obstacle du pied droit, mais sortait de chez lui du pied gauche. Il ne s'endormait qu'après avoir touché certains meubles de sa chambre et rangé selon un ordre bien précis la foule de petits objets qui encombraient son bureau. La nuit, il lui arrivait de rouvrir les yeux sept fois de suite pour se prouver qu'il n'allait pas mourir, puis il sombrait fréquemment dans des cauchemars évoquant des chutes infinies. Arithmomaniaque, les multiples de 7 le rassuraient, mais le chiffre 17, pensait-il, lui était funeste. Achluophobe, il redoutait l'obscurité et ne traversait jamais seul une forêt. Enfin, il tenait de son enfance une certaine timidité qui le portait à craindre d'être incapable de terminer ses livres ou de prendre la parole en public. Toutes ces manies et phobies favorisaient chez lui le développement de signes de dilatation gastrique, des pyrosis et des tiraillements douloureux de l'estomac. Elles favorisaient également la stimulation de sa mémoire, l'acuité de son intelligence et la finesse de son odorat, cette dernière se révélant particulièrement dans son roman *Le ventre de Paris*.

Selon Toulouse, ses troubles psychiques provenaient d'une part de l'existence aventureuse de son père François Zola, qui avait souffert d'un certain déséquilibre mental et le lui avait transmis, d'autre part de la typhoïde mal soignée qui gâcha son enfance.

Le graphologue Jules Crépieux-Jamin étudia l'écriture de Zola et fit cette analyse : « Dans les copies, ses minuscules, normalement inclinées à droite, n'ont guère plus de deux millimètres de hauteur ; dans les brouillons, elles atteignent cinq millimètres et varient continuellement dans l'inclinaison. Ces changements de direction de la plume correspondent à l'intensité de l'idéation et nous renseignent sur la grande impressionnabilité de l'écrivain ; elles nous montrent l'extrême tension de son esprit quand il compose et jusqu'où peut aller le développement de son activité cérébrale. »

10 décembre 1903
Les Curie obtiennent le prix Nobel

Grâce à la découverte par Henri Becquerel, en 1896, du phénomène de la radioactivité, Marie et Pierre Curie mirent au jour le polonium et le radium. Leurs recherches sur ce dernier, doté d'une intense radioactivité, allaient faire faire un progrès formidable à la physique. Nommée professeur à l'École normale supérieure de jeunes filles de Sèvres, Marie Curie, en juin 1903, soutint sa thèse sur les recherches effectuées sur des substances radioactives autres que l'uranium et le thorium. Le 10 décembre, le comité Nobel du Parlement norvégien lui décerna, conjointement à son mari et à Becquerel, le prix Nobel de physique, « en reconnaissance des mérites extraordinaires dont ils ont fait preuve par leurs recherches communes sur les phénomènes de radiations découverts par le Professeur Becquerel ».

En 1911, Marie Curie reçut à nouveau un prix Nobel, celui de chimie, pour la détermination du poids atomique du radium. « On peut concevoir, dit-elle, que dans des mains criminelles le radium puisse devenir très dangereux, et ici on peut se demander si l'humanité a avantage à connaître les secrets de la nature, si elle est mûre pour en profiter ou si cette connaissance ne lui sera pas nuisible. »

Pierre Curie mourut renversé accidentellement par un fiacre en avril 1906.

30 décembre 1907

Les brigades du Tigre, l'ancêtre de la PJ

En quatre ans, de 1901 à 1905, le taux de criminalité ne cessa d'augmenter sur tout le territoire français. La police demeurait impuissante face aux délits et assassinats commis en province par les frères Pollet ou la bande des « Apaches », qui sévissait à Paris. Face aux moyens de communication de plus en plus sophistiqués dont les malfaiteurs bénéficiaient et qui leur offraient des facilités plus grandes d'échapper à la police, le président du Conseil et ministre de l'Intérieur Georges Clemenceau décida de créer des brigades mobiles régionales qui traiteraient aussi bien des affaires économiques et financières que des affaires criminelles et terroristes. Par le décret publié le 30 décembre 1907, il mit en place douze brigades composées « d'agents expérimentés, se déplaçant rapidement et investis d'une compétence étendue ». Elles étaient rattachées à une cour d'appel et comptaient chacune une dizaine d'inspecteurs. Le directeur de la Sûreté générale, Célestin Hennion, proposa à Clemenceau Jules Sébille, commissaire de police, pour les diriger. Les commissaires divisionnaires commandant chaque brigade mobile eurent pour mission de seconder l'autorité judiciaire dans la répression des crimes et des délits de droit commun. Pour la première fois, avec la création des brigades mobiles, des policiers, en outre entraînés au combat, utilisèrent des automobiles, le télégraphe, la photographie et les empreintes digitales, ces dernières n'étant jusqu'alors réservées qu'aux membres de la police scientifique. Après quelques mois d'existence, les brigades mobiles prirent le nom de « Brigades du Tigre », du surnom de Georges Clemenceau, appelé le Tigre par son directeur de cabinet, Émile Buré. Les brigades du Tigre furent les ancêtres des services régionaux de police judiciaire, la célèbre SRPJ.

28 avril 1912

La bande à Bonnot est arrêtée

La bande à Bonnot commença à sévir le 21 décembre 1911, lorsqu'elle attaqua la Société Générale de la rue Ordener, à Paris. Les témoins expliquèrent que pour la première fois de l'histoire du banditisme des malfaiteurs utilisèrent une automobile pour accomplir leur braquage. Ainsi, après avoir volé 6 000 F et tué le caissier, Jules Bonnot, Raymond Callemin, Édouard Carouy et André Soudy purent prendre la fuite avec une rapidité qui impressionna la police.

Jusqu'en début d'année 1912, la bande à Bonnot, composée d'anarchistes, se distingua par ses sinistres méfaits en France comme en Belgique, enchaînant infractions, meurtres, vols de voiture, braquages. Début janvier, à Thiais, les bandits assassinèrent deux vieillards. Le 27 février, à Paris, ils abattirent de sang-froid un policier, puis, le 29, un boulanger. La bande s'était alors grossie de plusieurs autres anarchistes, dont Eugène Dieudonné, Antoine Monier, Victor Serge, et la compagne de ce dernier, Anna Estorges, dite Rirette.

Au lendemain de cette série de méfaits, les malfaiteurs firent la une de tous les quotidiens et leurs têtes furent mises à prix. Traqués désormais par deux cent cinquante inspecteurs de police, les quatre principaux membres de la bande furent localisés au mois de mars. Les traquant sans relâche, les policiers parvinrent à arrêter successivement Soudy, le 30 mars,

Callemin, le 7 avril, Carouy, le 24 avril. En ce même 24 avril, Jules Bonnot faillit à son tour être pris, mais il réussit à s'enfuir et à se réfugier à Choisy-le-Roi, chez un garagiste, un anarchiste du nom de Dubois. La cachette repérée, une quinzaine d'inspecteurs, au matin du 28, en donnèrent l'assaut. Bonnot et son complice Dubois se défendirent avec acharnement. Trois fois les policiers durent dynamiter le garage. Dubois fut tué, mais Bonnot, protégé par deux matelas, tenta encore de résister. Il reçut finalement une balle à la tête et mourut à son arrivée à l'hôpital. Le reste de la bande fut arrêtée le 14 mai dans un pavillon de Nogent-sur-Marne, après avoir été cerné par un bataillon de trois cents zouaves.

31 juillet 1914
L'ultime dîner de Jean Jaurès

Le 6 mars 1913, Jean Jaurès s'opposa à la loi des trois ans présentée à la Chambre. Il plaidait le développement des réserves plutôt que le prolongement de la durée du service. La loi fut malgré tout votée en août 1913, et Jaurès vit la droite nationaliste se déchaîner contre lui. Le 16 juillet 1914, à l'issue du congrès extraordinaire du parti socialiste, il s'imposa face aux partisans de Jules Guesde en obtenant le vote de la motion préconisant la grève générale pour le pacifisme, ultime moyen d'éviter la guerre. Deux semaines après cette victoire, dans la soirée

du 31 juillet, alors qu'il dînait avec des amis à la brasserie *Le Croissant*, à l'angle de la rue du Croissant et de la rue Montmartre, il fut abattu d'une balle dans le dos. Son assassin, Raoul Villain n'opposa aucune résistance au moment de son arrestation. Il avoua avoir agi parce que Jaurès « a trahi son pays en menant campagne contre les trois ans de service militaire ». La presse s'interrogea aussitôt sur la personnalité de Villain. Pour certains journalistes, il était à la solde de l'Allemagne, pour d'autres il appartenait à un groupe d'extrême droite, pour d'autres encore ce n'était qu'un déséquilibré poussé par la haine entretenue dans les journaux nationalistes. Toujours est-il qu'au moment où Jaurès s'était effondré, les passants avaient poussé un cri unanime : « Ils ont tué Jaurès, c'est la guerre ! » Le lendemain 1er août, en effet, fut décrétée la mobilisation générale.

16 novembre 1919

La Chambre bleu horizon

Les premières élections législatives depuis la fin de la guerre et la signature du traité de Versailles eurent lieu le 16 novembre 1919. Elles virent la victoire du Bloc national, composé de la droite et du centre droit, qui conquit à lui seul la majorité absolue avec 319 sièges sur 620. La réforme du mode de scrutin intervenue en juillet, consistant en un compromis entre le principe majoritaire et la proportionnelle, avait joué contre les socialistes. L'état d'esprit antiallemand, qui avait gagné l'opinion depuis la fin de la guerre, expliquait également la victoire du Bloc national.

De ce scrutin naquit une nouvelle Chambre. Les Français avaient une profonde envie de faire payer à l'Allemagne les quatre années de guerre qu'ils avaient connues. Le Bloc national leur assura que les clauses du traité de Versailles seraient strictement appliquées et qu'il forcerait les vaincus à indemniser les victimes de la guerre. En outre, il se proposa de défendre le pays contre le bolchevisme montant. Ce Bloc national, parmi lesquels figuraient de nombreux poilus, donna à la nouvelle Chambre le nom de « bleu horizon », par allusion à la couleur de l'uniforme du soldat français.

18 novembre 1922

La grosse femme noire de Marcel Proust

Marcel Proust était en proie à de fréquentes crises d'asthme apparues dès son enfance. Pour les combattre, il utilisa tantôt des drogues pharmaceutiques, tantôt des remèdes de bonne femme. Convaincu qu'elles survenaient surtout la nuit, il avait fini par décider de vivre

la nuit, écrivant, sortant et recevant ses amis et ne s'endormant qu'au petit matin. Il évitait les parfums et les poussières, craignait les pollens. Se prétendant en mauvaise santé permanente, il se couvrait de tricots et de lainages. En octobre 1922, atteint d'une bronchite contractée lors d'une soirée chez ses amis les Beaumont, il refusa d'écouter son frère Robert, qui lui recommandait de s'alimenter et de cesser de travailler. La bronchite dégénéra en pneumonie et Proust refusa d'être transporté dans une clinique. Le 17 octobre, il prétendit se sentir mieux. Mais en novembre, son mal empira. Il entra dans un délire qui n'allait plus le quitter. Il disait voir « une grosse femme noire » : « Vous savez, elle est venue ! Elle est très grosse et très noire ! Elle est toute noire, elle est affreuse ! Elle me fait peur ! Nul ne peut la toucher ! Elle est implacable et devient de plus en plus horrible ! » Le 18 novembre, à trois heures, il parla encore à son frère : « Je te fais du mal, mon pauvre Robert. » Il mourut à quatre heures et demie.

27 août 1928

La guerre officiellement hors-la-loi !

En 1927, à l'occasion du dixième anniversaire de l'entrée des États-Unis dans la Première Guerre mondiale, le prix Nobel de la paix Aristide Briand, ministre des Affaires étrangères français, proposa à son homologue américain Frank Billings Kellogg, un pacte visant à mettre la guerre hors-la-loi. Ce « pacte de renonciation générale à la guerre » fut signé le 27 août 1928 au Quai d'Orsay, à Paris, par quinze pays. Quarante-huit autres États promirent d'y adhérer, dont neuf n'étaient pas membres de la Société des Nations, comme les États-Unis et l'Union soviétique.

Les auteurs du pacte entendaient renforcer le système international de sécurité collective qui devait éviter au monde de connaître une tuerie comparable à celle de la Grande Guerre.

Il fut accueilli avec enthousiasme par une opinion publique éprise de paix et pris en compte au procès de Nuremberg.

Le pacte Briand-Kellogg entra en vigueur en 1929, année où Frank Billings Kellogg, pour l'avoir signé, reçut à son tour le prix Nobel de la Paix.

11 août 1934

Les records du monde de la reine des airs Hélène Boucher

Hélène Boucher obtint son brevet de pilote d'aviation le 21 juin 1931. Elle comprit qu'ayant le titre d'aviatrice il s'agissait de le mériter. Les années 1930 était l'époque où Français et Italiens se livraient une lutte passionnée pour le record de distance, aussi bien en circuit fermé qu'en ligne droite. Hélène n'eut plus en tête que la perspective de battre elle aussi des records. C'est à Istres, le 8 août 1934 qu'elle commença à les collectionner. Elle décolla en vingt-trois secondes à 17 h 20.

Lorsqu'elle reprit contact avec le sol, à 19 h 48 minutes 38 secondes exactement, elle avait battu le record toutes catégories des 1 000 km en 2 h 26 minutes 38 secondes, à la moyenne de 409,200 km/h.

Deux jours plus tard, elle s'attaqua au record « de pure vitesse » sur la base de 3 kilomètres avec quatre passages, deux dans chaque sens. Résultat : 428 km 223. L'ancien record de May Haizlip était de 405,320 km/h : « Je crois, déclara Hélène aux journalistes en sortant de sa carlingue, que je peux faire mieux. J'en suis même sûre : j'ai été gênée par la visibilité, une base étant mal indiquée. Je n'ai certainement pas fait mes lignes droites aussi précises qu'il le faut pour ne pas perdre un centimètre. » Et à la question : « Quand recommencerez-vous ? », elle répondit : « Demain bien sûr ! »

L'ingénieur Albert, aidé de ses collaborateurs, passa la nuit à rendre la piste plus visible au moyen de bandes de toile blanche. Il balisa les extrémités des trois kilomètres à l'aide de fumées épaisses. Ainsi, Hélène ne pourrait pas s'écarter de sa route. Le 11 août, l'aviatrice entreprit la courte, rapide et si dangereuse aventure. Elle réussit à battre son propre record, obtenant la moyenne stupéfiante de 444,835 km/h. Son passage le plus rapide fut réalisé à 468,148 km/h de moyenne. Elle totalisait désormais sept records du monde :

- de la plus grande vitesse en avion terrestre, catégorie féminine, avec 444,261 km/h ;
- vitesse sur 100 km, catégorie féminine, avec 412,308 km/h ;
- vitesse sur 1 000 km, toutes catégories, avec 409,200 km/h ;
- vitesse sur 1 000 km, catégorie féminine, avec 409,200 km/h ;
- vitesse sur 1 000 km, toutes catégories, des avions légers biplace pesant à vide moins de 560 kg, avec 254 km/h ;
- vitesse sur 1 000 km, catégorie féminine, des avions légers biplaces pesant à vide moins de 560 kg, avec 254 km/h ;
- altitude, catégorie féminine, des avions légers monoplaces pesant à vide moins de 450 kg, avec 5 900 mètres.

Elle était devenue la reine des airs, la femme la plus rapide du monde, une virtuose de la vitesse. Au salon de l'Aéronautique, qui se tint en novembre de la même année à Paris, elle fut la vedette du stand Caudron-Renault. Tous les visiteurs voulurent la voir, l'approcher, avoir un autographe. Le 30 novembre, elle prit ce qui devait être son dernier repas, au Grand-Palais, avec des amis. Puis elle partit en hâte pour aller s'entraîner. On tenta de la retenir en lui faisant comprendre que par un temps pareil ce serait insensé de voler. En effet, dehors, on n'y voyait pas à dix mètres devant soi. Hélène se fit insistante, rappelant qu'elle devait présenter le lendemain son *Rafale* et qu'elle n'avait pas volé avec cet avion depuis deux mois. Avec la conscience professionnelle qui la caractérisait, elle voulait le prendre en mains une dernière fois. N'écoutant ce qui semblait être pour elle que son devoir, l'aviatrice aux 497 heures de vol partit donc pour l'aérodrome, où elle retrouva le chef-pilote Raymond Delmotte. À 14 heures, elle revêtit sa combinaison d'aviatrice. La visibilité était mauvaise, et une méchante brume s'élevait de la vallée de Chevreuse.

Elle monta dans son *Rafale*. L'appareil était muni d'un moteur de 140 chevaux, sur lequel elle avait déjà totalisé plus de vingt heures de vol. Elle évolua quelques instants avec sa sûreté coutumière et se prépara à se poser. Du sol, on la vit sortir les volets d'intrados, descendre, mais, sans doute gênée, elle accomplit un nouveau tour de terrain à petite allure avant de se présenter bien droit au-dessus de la Croix-du-Bois, à Magny-les-Hameaux, près de Guyancourt : « Prise de terrain un peu courte, expliquera Raymond Delmotte, sortie de demi-tonneau dans le virage. » Elle redonna un coup de gaz, et le moteur rugit : « Insuffisance d'altitude, ou plutôt de manœuvre compliquée pour s'en tirer, et ce fut la chute. Lorsque nous parvînmes sur le lieu de l'accident, à l'extrémité du terrain, tout était fini. Un grand silence dans les feuilles mortes ! » Quand Delmotte et les autres pilotes Fouquet et Goury arrivèrent à l'orée du bois, le corps de l'aviatrice était sorti des débris du petit rafale bleu.

À titre posthume, elle fut décorée de la croix de Chevalier de la Légion d'honneur. Et pour la première fois, une femme eut l'honneur d'avoir son cercueil exposé aux Invalides, recouvert du drapeau français, dans la chapelle Saint-Louis, où la foule d'admirateurs se pressa pendant deux jours.

16 septembre 1936

Le seul survivant du *Pourquoi-pas* ?

Après des études de médecine, le commandant Jean Charcot s'orienta vers l'exploration océanographique. De 1903 à 1910, il accomplit deux voyages dans l'Antarctique qui permirent de compléter les cartes des zones australes, de l'archipel Palmer jusqu'à l'île qu'il découvrit en 1910 au sud de la mer de Bellingshausen et qu'il baptisa Charcot en hommage à son père. En 1907, il fit construire le *Pourquoi-pas ? IV*, un trois-mâts vapeur de 450 tonneaux, spécialement conçu pour l'exploration polaire et les fonds océaniques.

Le 15 septembre, la campagne d'exploration des côtes du Groenland achevée, le *Pourquoi-Pas ?* quitta le port de Reykjavik pour rentrer en France. Le 16, la station de Port Scoresby capta un message radio annonçant son naufrage. Le navire de Jean Charcot s'était brisé sur des récifs au sud-ouest de l'Islande, dans la baie de Faxaflói. Sur les trente-quatre membres de l'équipage et les six scientifiques qui les accompagnaient, seul le maître timonier Eugène Gonidec, resté accroché à l'échelle de coupée, avait survécu : « Ce qui le gênait le plus, expliqua un témoin islandais, Kristian Thorolfsson, c'est qu'il avait les yeux brûlés par le sel de la mer à tel point qu'il était devenu presque aveugle. »

29 août 1941

Estienne d'Orves condamné embrasse son juge

L'amiral Honoré d'Estienne d'Orves fut l'un des premiers à organiser un réseau de résistance à l'occupant nazi pendant la Seconde Guerre mondiale. Il fut secondé dans son entreprise par le radiotélégraphiste Georges Marty. Ce dernier, qui était en fait un agent double du nom d'Alfred Gaessler, le fit arrêter ainsi que tous les autres membres du réseau Nemrod. Le 23 mai 1941, la cour martiale les condamna à mort. S'approchant du président Keyser, qui venait de conduire le procès, d'Estienne d'Orves lui adressa ces mots : « Monsieur, vous êtes officier allemand. Je suis officier français. Nous avons fait tous les deux notre devoir. Permettez-moi de vous embrasser. » Fusillé le 29 août, il fut le premier officier français à être exécuté par les nazis.

10 juin 1944

L'horreur à Oradour-sur-Glane

Prétextant que plusieurs officiers allemands avaient été attaqués par des maquisards de la commune, un détachement de la division SS Das Reich commandé par le général Lammerding pénétra à l'aube dans Oradour-sur-Glane, petit village de la Haute-Vienne. Les soldats regroupèrent la population dans l'église puis mirent le feu au village. À 17 heures, ils revinrent dans l'église pour déposer un engin incendiaire sur l'autel. Une femme parvint à forcer la porte de la sacristie, permettant ainsi de ranimer les personnes asphyxiées. Les Allemands achevèrent alors les survivants à la mitrailleuse. Ce massacre fit 642 victimes âgées de 6 mois à 85 ans.

Neuf ans plus tard, le 12 janvier 1953, s'ouvrit le procès des tueurs, devant le tribunal militaire de Pessac, près de Bordeaux. Sur vingt et un accusés, quatorze étaient français, tous des Alsaciens incorporés de force dans la Waffen SS. Parmi les sept autres, des Allemands, ne figurait aucun officier. Le général Lammerding n'avait pu être extradé de son pays pour venir répondre aux accusations portées contre lui, ce qui choqua et scandalisa la France entière. Le 13 février, deux des accusés furent condamnés à mort et dix-huit à des peines de cinq à douze ans de prison. Le dernier fut acquitté.

1945
Mort du Pétomane

Joseph Pujol fut célèbre à partir de la fin du XIXe siècle pour ses spectacles quelque peu singuliers. Il montait sur scène vêtu d'un magnifique costume de velours rouge découpé autour de son seul instrument, à savoir son rectum. Surnommé le « Pétomane », il diversifiait ses imitations : le pet d'une petite fille, celui d'une belle-mère ou d'une mariée le soir de ses noces. Il avait également à son répertoire le chant d'un ténor, d'un baryton, d'une basse et d'une chanteuse légère, ou encore le déchirement d'une pièce d'étoffe, le son du canon, le bruit du tonnerre. Il éteignait même les lampes de la scène « d'un grand souffle » lorsqu'il avait achevé son spectacle. La chanteuse Yvette Guibert confia : « C'est au Moulin Rouge que j'ai entendu les plus longs spasmes du rire, les crises les plus hystériques de l'hilarité. “Vous n'aimez pas les pétomanes, vous, disait Sacha Guitry, moi je ne peux pas les sentir.” »

Joseph Pujol expliquait avoir « l'anus aspirateur et d'une telle élasticité que je l'ouvre et le ferme à volonté. Par cette ponction providentielle, j'absorbe la quantité de liquide qu'on veut bien me confier ». En 1940, la faculté de médecine de Paris lui proposa une somme de 25 000 F pour obtenir son autorisation de pratiquer une autopsie à son décès et d'étudier particulièrement la malformation de son anus. Ce sont ses enfants qui, par respect pour leur père, répondirent négativement. Joseph mourut cinq ans plus tard.

15 mars 1946

Clôture des maisons... closes

La conseillère Marthe Richard, ancienne espionne et rapporteur de la commission de la Santé publique, avait constaté que la syphilis, au lendemain de la Libération, était cinq fois plus répandue qu'en 1940, date à laquelle elle avait tué 150 000 personnes. Le responsable de ce véritable fléau n'était autre que la prostitution. Sur les 70 000 prostituées à Paris, 7 000 seulement étaient officiellement recensées. Le 13 décembre 1945, Marthe Richard déposa devant le conseil municipal un projet pour la fermeture des maisons closes. Le député Pierre Dominjon déposa une proposition de loi dans ce sens. En attendant le vote de cette loi, qui devait prendre le nom de Marthe Richard, le conseil municipal de Paris décida, le 15 mars 1946, la fermeture des 190 établissements concernés de la capitale, parmi lesquels les célèbres *Chabanais*, le *Sphinx* ou le *One Two Two*. Le 13 avril suivant, la loi Marthe Richard, abolissant le régime de la prostitution réglementée, fut votée.

Cependant, les maisons closes firent à nouveau leur apparition sous d'autres formes. Des immeubles entiers furent transformés en « hôtels de passe » loués comme studios de prostitution. Bientôt se multiplieront même les salons de massage.

20 septembre 1946

Ouverture du premier festival de Cannes

« C'était la première fête que s'offrait le monde dans une sorte d'ivresse, sous un soleil qui ne cessa de briller jusqu'à la mi-octobre », déclara Philippe Erlanger, organisateur du premier festival international du film de Cannes. Le festival devait initialement s'ouvrir le 2 septembre 1939, sous la présidence de Louis Lumière, mais avait été annulé pour cause de guerre mondiale. Grâce à l'obstination de Philippe Erlanger et de Georges Huisman, ancien directeur général des Beaux-Arts et président du jury, la manifestation put avoir lieu du 20 septembre au 15 octobre 1946, avec l'accord du gouvernement provisoire du général de Gaulle.

Le 20 septembre, les festivités s'ouvrirent par le défilé des Tirailleurs sénégalais et l'Infanterie de Marine. Elle se poursuivit dans les jardins du Grand Hôtel avec l'interprétation de *La Marseillaise* par la cantatrice américaine Grace Moore, accompagnée de la chorale d'Antibes. Après un gigantesque feu d'artifice sur le thème « Lumières et fleurs », le ministre du Commerce, dans un brillant lapsus, déclara ouvert « le premier festival de l'Agriculture. »

Puis, ce fut l'enchaînement des quarante-cinq longs métrages en compétition choisis par les vingt et une nationalités présentes.

Certains portaient en eux le souvenir de la guerre : *La Bataille du Rail*, de René Clément (Prix du Jury international et Grand Prix international de la mise en scène), *Rome, ville ouverte*, de Roberto Rossellini (Grand Prix du Festival international), *La Symphonie Pastorale*, de Jean Delannoy (Grand Prix d'interprétation féminine pour Michèle Morgan), *Le Poison*, de Billy Wilder (Grand Prix d'interprétation masculine pour Ray Milland), *Maria Candelaria*, d'Emilio Fernandez (Grand Prix du Festival international), *La Dernière Chance*, de Léopold Lindtberg (Prix international de la paix). Le 7 octobre, la pléiade de projections s'acheva par *La Belle et la Bête*, de Jean Cocteau. Pour cette première édition, tous les films présentés furent primés. Un seul bémol : le 21 septembre, les projections s'étaient interrompues à l'annonce de la disparition de Raimu, auquel on avait rendu un émouvant hommage.

13 décembre 1952

60 JOURS SUR LA MER SANS EAU NI NOURRITURE

Parti le 20 octobre 1952 de Las Palmas, le médecin et biologiste Alain Bombard parvint à La Barbade, dans les Caraïbes, le 13 décembre suivant, à bord d'un canot pneumatique baptisé *L'Hérétique.*

Son but avait été d'expérimenter les conditions de survie en mer et avait pour cela fait toute sa traversée solitaire sans eau ni nourriture.

Pendant plus de soixante jours, le navigateur ne s'était nourri que de poisson, de plancton et d'eau de mer, utilisant des méthodes de survie inspirées des Polynésiens et des Esquimaux. « Tous les survivants d'un naufrage, expliquera-t-il en 1958, peuvent échapper à la mort s'ils parviennent à surmonter, par ordre d'importance, le désespoir, la fatigue, la soif et la faim… La faim se manifeste de la façon suivante : douleurs à type de crampes à irradiations antérieures aux deux épaules le premier et une partie du deuxième jour. Le troisième jour, ces douleurs cessent et font place à une somnolence et une fatigue permanentes. »

Plus tard, quelques polémistes reprochèrent à Bombard d'avoir, début décembre, accepté d'être recueilli pendant une heure par l'équipage du paquebot *Arakaka*, croisé au large des Caraïbes. Ce jour-là, il mangea « un œuf sur le plat, un petit morceau, un très petit morceau de foie de veau, une cuillerée de choux et deux ou trois fruits. »

1er février 1954

L'émouvant appel de l'abbé Pierre

Le 7 janvier 1954, le *Figaro* publia la lettre envoyée au ministre de la Construction par l'abbé Pierre. L'ancien maquisard Henri Grouès y racontait comment un bébé était mort de froid en pleine nuit, au moment où le gouvernement refusait d'accorder des crédits pour la construction de cités d'urgence. Le 1er février, suite au décès d'une femme, morte de froid dans la rue, il lança, sur les ondes de Radio-Luxembourg, un vibrant appel à une « insurrection de la bonté » qui allait déclencher un formidable mouvement d'opinion et de solidarité : « Mes amis, au secours ! Une femme vient de mourir gelée, cette nuit à trois heures, sur le trottoir du boulevard Sébastopol, serrant sur elle le papier par lequel, avant-hier, on l'avait expulsée. Chaque nuit, ils sont plus de 2 000 recroquevillés sous le gel, sans toit, sans pain, plus d'un presque nu. Devant l'horreur, les cités d'urgence, ce n'est même plus assez urgent ! »

Le 12 mars, en fondant l'association Emmaüs, à Neuilly-Plaisance, l'abbé Pierre partait en croisade contre la faim et la pauvreté en ce milieu du XXe siècle. Il obtint en particulier le vote d'une loi interdisant l'expulsion des locataires en hiver. Il demeura sur la scène publique jusqu'à sa mort, en 2007.

Mars 1956

Procès des amants diaboliques

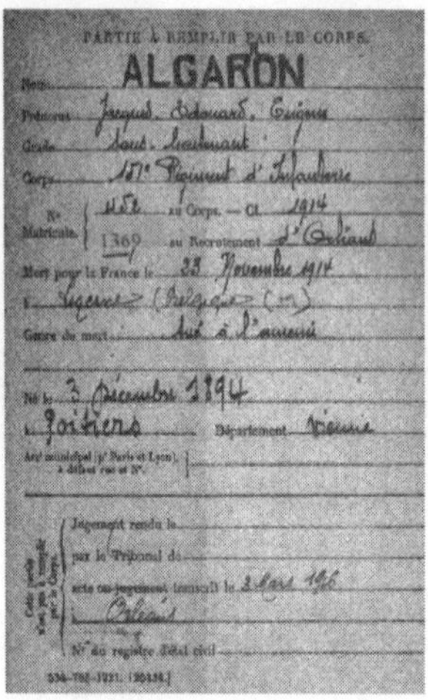
PARTIE À REMPLIR PAR LE CORPS.
Nom : ALGARON
Prénoms : Jacques Édouard, Eugène
Grade : Sous-Lieutenant
Corps : 151e Régiment d'Infanterie
N° Matricule : 1369 au Recrutement d'Orléans ; Cl. 1914
Mort pour la France le 23 Novembre 1914
Genre de mort : Tué à l'ennemi
Né le 3 Décembre 1894
à Poitiers Département Vienne
Arr' municipal (p' Paris et Lyon), à défaut rue et N°.
Jugement rendu le
par le Tribunal de
acte ou jugement transcrit le 2 Mars 1916

Jacques Algarron exigea un meurtre horrible de sa maîtresse Denise Labbé : celui de sa fille Véronique, âgée de deux ans et née d'un « autre passé ». En novembre 1954, il lui écrivait : « Il faut que tu immoles ton propre sang. Seul ce sacrifice glorifiera notre amour ! » Après trois vaines tentatives, Denise Labbé, pour lui prouver son amour, sacrifia son enfant en la plongeant dans une lessiveuse, la laissant s'y noyer. Le procès des deux amants criminels s'ouvrit en mars 1956 à Blois. « Chaque fois qu'il demandait que je supprime mon enfant, déclara la jeune mère de 22 ans, il me promettait qu'il m'épouserait. Je tenais à lui faire comprendre qu'une femme qui aime un homme doit être prête à tous les sacrifices. » Algarron, de son côté, avoua avoir été inspiré par les œuvres d'André Gide pour la pousser à accomplir ce crime. Denise Labbé fut condamnée à une peine de travaux forcés à vie et Algarron à une peine de 20 ans de travaux forcés.

15 octobre 1959

Mitterrand organise un attentat... contre sa propre personne

Le 7 octobre, le sénateur socialiste de la Nièvre François Mitterrand rencontra, à la sortie du Palais de justice, Robert Pesquet, ancien député gaulliste, proche de l'extrême droite. Les deux hommes discutèrent de leurs situations politiques respectives et du général de Gaulle, qui, au pouvoir depuis un an, ne cessait de discréditer Mitterrand aux yeux de l'opinion publique.

Le 15 octobre, à minuit, alors qu'il regagnait sa résidence de la rue Guynemer, à Paris, Mitterrand fut la cible de tireurs qui déchargèrent leurs pistolets-mitrailleurs sur sa 403. Il dut sauter par-dessus les grilles du jardin de l'Observatoire pour échapper à ses agresseurs. Le lendemain, tous les journaux relatèrent l'événement et Mitterrand fit figure de victime. *L'Huma-*

nité exigea l'interdiction des groupuscules fascistes, et le parti socialiste déclara : « Le fascisme est en marche, les paras vont sauter sur Paris, c'est la guerre civile qui menace. » De son côté, Mitterrand ajouta : « Je ne dirais rien qui puisse ajouter au désordre des esprits. Mais il est logique de penser que le climat de passion politique créé par les groupements extrémistes explique cet attentat. »

Mais le 23, Robert Pesquet jeta un pavé dans la mare en confiant au journal *Rivarol* que le 7 octobre précédent, à la sortie du Palais de justice, Mitterrand lui avait offert « la possibilité de le tirer de sa médiocrité s'il acceptait de lui rendre certains services ». Il expliqua avoir monté cet attentat de toutes pièces en accord avec le sénateur lui-même, celui-ci ayant voulu soigner sa publicité grâce à une machination : « C'est à la demande de François Mitterrand, dit-il, que cet attentat bidon a été organisé. Un attentat simulé présentait le double avantage, aux yeux du sénateur, de lui permettre de redorer son blason à l'intérieur de la gauche et perturber la droite. »

Le juge inculpa Robert Pesquet et son complice Abel Dahuron pour détention d'armes et demanda au Sénat de lever l'immunité de Mitterrand afin de l'inculper pour outrage à magistrat.

Le 8 août 1966, de Gaulle ayant promulgué une loi d'amnistie, Mitterrand bénéficia d'un non-lieu. Cette faveur aurait été motivée par le fait que Mitterrand avait des révélations à faire au sujet de quelques attentats organisés en Algérie par les gaullistes, particulièrement à l'instigation du Premier ministre Michel Debré.

Quelques années plus tard, Pesquet sema le doute en révélant que le véritable commanditaire du faux attentat était le nationaliste Tixier-Vignancour et que Mitterrand n'était en fait pas informé de ce dont il devait être victime.

1er janvier 1960

Le franc Pinay

En dépit des « idées simples » que lui reprochaient les parlementaires avec un peu de moquerie, Antoine Pinay parvint à se hisser au ministère des Finances en mars 1952. Dès les premières semaines, il développa un plan qui germait de longue date en lui, un plan pour la défense du franc et la stabilisation des prix. En mai, il lança un emprunt de 3,5 % avec garantie or, exonéré d'impôt. Le succès s'amorça avec un ralentissement de l'inflation qui rétablit la confiance en France. Il ne fallut que quelques jours pour voir l'emprunt faire entrer 428 milliards dans les caisses de l'État. Édouard Herriot, président de l'Assemblée nationale, s'écria qu'il était « l'enfant du miracle ». Puis en juillet, la situation économique se dégrada à nouveau au point qu'Antoine Pinay fut contraint de démissionner en décembre 1952.

Il fit son retour dans l'arène politique en février 1955 en devenant ministre des Affaires étrangères dans le cabinet Edgar Faure. Le 1er juin 1958, il fut nommé par le général de Gaulle premier ministre des Finances de la Ve République.

Après la décision de de Gaulle de réformer la structure économique française, il fut désigné, avec l'économiste Jacques Rueff pour créer, en vertu de l'ordonnance du 27 décembre 1958, « une nouvelle unité monétaire française dont la valeur sera égale à cent francs ». Autrement dit mille francs n'en vaudraient plus que dix. C'est ainsi que le 1er janvier 1960 apparut le « nouveau franc », appelé aussi le « franc lourd » ou encore le « franc Pinay. » Ce nouveau franc compliqua un temps la vie des Français qui ne s'habituèrent qu'avec difficulté à libeller autrement leurs mandats. Cependant, la France pouvait participer pleinement au lancement du grand chantier de la construction communautaire européenne.

22 août 1962

L'attentat du Petit-Clamart

Le 22 août 1962, à hauteur du Petit-Clamart, trois membres de MAS (Organisation de l'armée secrète), qui s'opposait à l'indépendance de l'Algérie, tirèrent depuis une Estafette à coups de pistolets-mitrailleurs sur la DS présidentielle du général de Gaulle. Celui-ci se rendait, avec son épouse, à sa résidence de Colombey-les-Deux-Églises. Il décrivit lui-même l'attentat dans un récit dont la fin devait demeurer célèbre : « Ce jour-là, au Petit-Clamart, la voiture qui me conduit à un avion de Villacoublay avec ma femme, mon gendre Alain de Boissieu et le chauffeur Francis Marroux est prise soudain dans une embuscade soigneusement organisée : mitraillade à bout portant par plusieurs armes automatiques, puis poursuite menée par tireurs en automobile. Des quelque 150 balles qui nous visent, 14 touchent notre véhicule. Pourtant, hasard incroyable, aucun de nous n'est atteint. Que de Gaulle continue donc de suivre son chemin et sa vocation ! »

Le soir même, toutes les radios interrompirent leurs programmes pour annoncer : « Un attentat vient d'être dirigé contre le président de la République. Sa voiture a essuyé plusieurs rafales d'armes automatiques. Aucun des occupants n'a été atteint. » Les protagonistes de l'attentat furent arrêtés deux semaines plus tard, le 17 septembre. Leur commanditaire, le colonel Jean Bastien-Thiry, était un héros de l'Algérie française. Pendant leur procès, au fort de Vincennes, il déclara : « L'action dont nous répondons aujourd'hui devant vous présente un caractère exceptionnel et nous vous demandons de croire que seuls des motifs d'un caractère également exceptionnel ont pu nous déterminer à l'entreprendre. Nous ne sommes ni des fascistes, ni des factieux mais des Français nationaux, Français de souche ou Français de cœur. Ce sont les malheurs de la patrie qui nous ont conduits sur ces bancs. » L'un des tireurs, Jacques Prévost, demanda à être condamné à la place de Gérard Buisines, l'un des autres exécutants. Ils furent pour la plupart condamnés à mort par la Haute Cour. Le général de Gaulle les gracia tous excepté Bastien-Thiry, qui fut fusillé le 11 mars 1963, au Fort d'Ivry.

11 octobre 1963

Piaf et Cocteau disparaissent le même jour

En début d'après-midi, Édith Piaf s'éteignit à Plascassier, près de Grasse, après un pathétique combat contre la mort. Elle avait révolutionné la chanson française avec des textes et des mélodies inoubliables.

Dans sa maison de Milly-la-Forêt, Jean Cocteau apprit la disparition de sa grande amie, qu'il avait fait débuter au théâtre dans sa pièce *Le Bel Indifférent*. De nombreux artistes et personnalités s'étonnèrent cependant de ne pas le voir venir lui rendre un dernier hommage.

On ignorait qu'en réalité, déjà récemment victime de deux crises cardiaques, cette nouvelle émotion venait de lui provoquer un malaise. Parlant d'Édith Piaf, il avait eu le temps de déclarer à la presse : « Je n'ai jamais connu quelqu'un d'aussi économe avec son âme. Elle ne la dépensait pas. Elle la prodiguait, elle en jetait l'or par les fenêtres. » Puis, un peu plus tard : « C'est le bateau qui achève de couler. C'est ma dernière journée sur cette terre. »

Quelques heures après Édith Piaf, Cocteau s'éteignit en effet à son tour, en cette même journée du 11 octobre 1963. Avec sa disparition, la France perdait le plus anticonformiste de ses académiciens, poète subtil et cinéaste passionné.

3 mai 1968

On dresse la première barricade

Le 22 mars 1968, à la suite de l'arrestation de deux de leurs camarades lors d'une manifestation contre la guerre du Vietnam, des étudiants de l'université de Nanterre, groupés autour de Daniel Cohn-Bendit et d'Alain Geismar, occupèrent la tour administrative. Le 2 mai, ils organisèrent une journée « anti-impérialiste », obligeant Pierre Grappin, le doyen de la faculté, à suspendre les cours et à fermer la cité universitaire.

Le 3, ils se transportèrent au Quartier latin pour assister au meeting tenu à la Sorbonne par Jacques Sauvageot, vice-président de l'Union nationale des étudiants de France.

Le ministre Alain Peyrefitte fit évacuer l'établissement par les forces de l'ordre, qui procédèrent sans ménagement à plusieurs centaines d'arrestations. Cette intervention inattendue provoqua la colère des manifestants.

Dans la journée, l'agitation gagna d'autres universités. Rue Le Goff, au Quartier latin, fut dressée la première barricade de « mai 1968 ».

À minuit, trente autres ouvrages interdirent l'accès au quartier. Les CRS encerclèrent les lieux avant de charger les manifestants, gaz lacrymogènes, bouclier et matraque au poing. Les étudiants ripostèrent par des jets de pavés et de cocktails Molotov et en incendiant barricades et voitures. En pleine nuit, ils finirent par se retrancher rue d'Ulm, dans les locaux de l'École normale supérieure.

Ce ne fut qu'à l'aube qu'ils se dispersèrent. Cette nuit d'agitation ne fut que le début du mouvement de révolte de ces étudiants qui se disaient lassés de l'autorité sous toutes ses formes. Leur soulèvement se poursuivit sans relâche jusqu'à la fin du mois, entraînant une mobilisation sans précédent du monde ouvrier et débouchant sur une crise politique nationale.

29 mai 1971

Le *Redoutable* réalise son premier tir de missile

« Il s'agit d'un exploit technique sans précédent. La construction du premier SNLE (sous-marin nucléaire lanceur d'engins) marque une étape majeure dans la réalisation de moyens navals puissants et modernes.

La flotte de SNLE conférera à la marine une force stratégique nouvelle et sera pour la France un des meilleurs gages de sa sécurité, de son indépendance et de la paix. » Ainsi s'exprima le ministre des Armées Pierre Mesmer le 29 mars 1967 à Cherbourg, lors de la cérémonie de

mise à l'eau du *Redoutable.* « C'est une journée capitale pour notre marine, et, par là, pour notre défense et notre indépendance », ajouta le général de Gaulle avant de libérer les 5 200 tonnes du premier sous-marin français à propulsion nucléaire lanceur d'engins. Armé de seize missiles mer-sol balistiques stratégiques, le *Redoutable* avait été construit pour dissuader les ennemis de la France.

En septembre 1970, le sous-marin nucléaire quitta le port de Cherbourg emportant une charge nucléaire de 450 kilotonnes d'une portée de 2 000 kilomètres. Le 29 mai 1971, après avoir rallié la base de l'Île Longue, dans la rade de Brest, il réalisa son premier tir de missile balistique.

En janvier 1972, il fut intégré à la Force océanique stratégique avant d'achever sa carrière en 1991.

26 septembre 1976

Arrivée de Ramsès II à Paris

À l'occasion de l'exposition « Ramsès le Grand » qui devait avoir lieu en 1977 au Grand Palais, à Paris, l'égyptologue Christiane Desroches-Noblecourt obtint les autorisations nécessaires à la venue dans la capitale du Pharaon de 3 189 ans. Deux ans plus tôt, le docteur Bucaille, membre de la Société française d'égyptologie,

avait attiré l'attention des responsables du musée du Caire sur l'état déplorable de la momie.
Ramsès II arriva le 26 septembre 1976 à l'aéroport du Bourget, et fut accueilli par le président Giscard d'Estaing, le ministre des Universités Alice Saunier-Séïté et l'ambassadeur d'Égypte. Sous forte escorte, il gagna ensuite le Musée de l'Homme, où il fut confié aux soins d'une équipe de médecins, radiologues et autres anthropologues dirigée par le Professeur Lionel Balout, doyen du musée.

Crevassé de toute part, dévoré par les insectes, le corps du puissant pharaon, qui régna soixante-sept ans sur l'Égypte et fut enterré en 1 224 av. J.-C., montrait des signes avancés d'altération provoquée par l'attaque d'un champignon spongieux. Christiane Desroches-Noblecourt décrivit la momie, précisant qu'elle était « leucoderme (peau de couleur blanche) de type méditerranéen, proche de celui des Berbères africains », ce qui démentait la thèse presque ancestrale que Ramsès II était un « grand pharaon noir ». Son analyse permit de diagnostiquer chez lui une « maladie inflammatoire chronique atteignant surtout le bassin et la colonne vertébrale, la spondylarthrite ankylosante ». Il était en outre porteur d'une atteinte sévère de la denture, cause probable de son décès.

Le 10 mai 1977, après huit mois d'exploration radiologique approfondie, de séances d'irradiation, de prélèvements de toutes sortes et la restauration des bandelettes et du sarcophage, Ramsès II reprit le chemin du Caire.

6 mars 1980

La première femme élue à l'Académie française

Inspirée par l'œuvre d'André Gide, Marguerite de Crayencour, alias Marguerite Yourcenar, écrivit son premier roman en 1931 : *Alexis ou Le Traité du vain combat*. Le prix Femina la récompensa en 1968 pour *L'Œuvre au noir*.

Deux ans plus tard, elle fut admise à l'Académie royale de langue belge avant d'être, le 6 mars 1980, la toute première femme élue à l'Académie française. Bien que soutenue par Jean d'Ormesson, sa candidature avait agité pendant de nombreuses semaines les esprits les plus conservateurs de l'Académie.

Mais le talent avait eu raison de la misogynie et l'auteur des *Mémoires d'Hadrien* avait finalement été jugée digne de siéger aux côtés des trente-neuf autres Immortels.

De cet événement marquant, elle fera l'objet de son discours lors de sa réception, le 22 janvier 1981 : « Vous m'avez accueillie. Ce moi incertain et flottant, cette entité dont j'ai contesté moi-même l'existence, et que je ne sens vraiment délimité que par les quelques ouvrages qu'il m'est arrivé d'écrire, le voici, tel qu'il est, entouré, accompagné d'une troupe invisible de femmes qui auraient dû, peut-être, recevoir beaucoup plus tôt cet honneur, au point que je suis tentée de m'effacer pour laisser passer leurs ombres. »

15 juin 1981

Arrestation du cannibale japonais

Une sordide affaire épouvanta particulièrement la France en 1981. Le 11 juin 1981, un étudiant de 32 ans, Issei Sagawa, assassinat une étudiante hollandaise de 25 ans, Renée Hartevelt, avant de la dépecer pour en faire son repas. Après quoi, il tenta une première fois de faire disparaître les restes, particulièrement le tronc, auquel il avait dévoré les seins. Il acheta dans un supermarché de son quartier deux valises et un petit chariot. La nuit venue, il appela un taxi. Il revint l'heure suivante en traînant toujours ses valises et son petit chariot avec lui, aussi lourds qu'à l'aller. De toute évidence, pour une raison inconnue, il n'était pas parvenu à se débarrasser de leur contenu.

Il recommença vainement au matin du jour suivant. Le soir, il partit pour le bois de Boulogne dans le but de jeter ses paquets dans le lac. C'était une journée de canicule qui avait attiré une foule de promeneurs tardifs. Pris de peur, Issei Sagawa abandonna ses valises dans un taillis et s'engouffra dans un taxi.

Le 15 juin, les hommes du commissaire Foll, de la brigade criminelle, arrêtèrent le cannibale à son domicile. Des promeneurs du bois de Boulogne l'avaient vu renverser par inadvertance son chariot contenant les restes de la jeune hollandaise. Les policiers découvrirent chez lui la carabine qui avait servi à tuer sa victime ainsi que des morceaux de chair humaine dans des assiettes alignées dans le réfrigérateur : « Si j'avais eu un congélateur, leur dit-il, vous ne m'auriez pas retrouvé. »

Les psychiatres le reconnurent irresponsable, et Sagawa, bénéficiant d'un non-lieu, fut extradé au Japon pour y être interné. Là-bas, les médecins ne le jugèrent pas malade mental. Il fut libéré le 13 août 1985 et devint par la suite l'auteur de best-sellers dans lesquels il relata son histoire. Lors d'une interview, revenant sur cette affaire, il expliqua, en évoquant Renée Hartevelt : « Nous nous rencontrions souvent à la faculté. Elle venait de temps en temps chez moi ou bien je lui rendais visite dans sa chambre, rue Bonaparte J'étais très amoureux, mais elle était sage et ne voulait pas de relations sexuelles. »

24 février 1982

Le premier bébé-éprouvette français

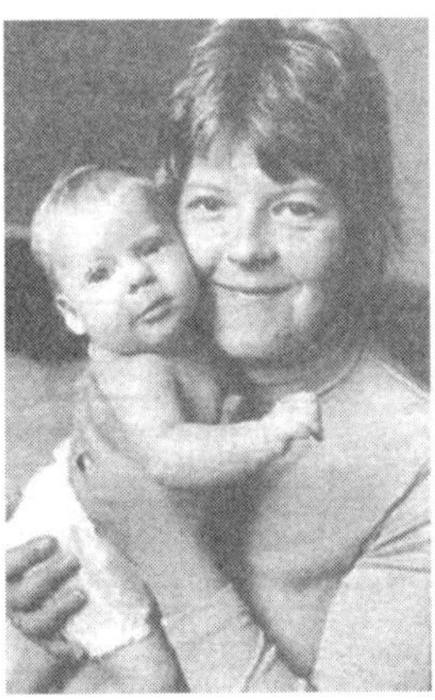

Le 27 juillet 1978, à Bristol, naquit le premier bébé-éprouvette du monde, une petite fille du nom de Louise Brown conçue selon le procédé mis au point en Angleterre par les docteurs Patrick Steptoe et Robert Geoffrey Edwards. Cette méthode permettant la fécondation in vitro s'adressait aux femmes dont les trompes étaient obstruées, ce qui représentait environ 40 % des causes de stérilité féminine. Elle consistait à prélever au moment de l'ovulation un ovule avant qu'il ne s'engage dans la trompe. Après fécondation, l'œuf était replacé dans l'utérus.

Quatre ans après l'Angleterre, le 24 février 1982, les médecins français René Frydman, Jacques Testart et Émile Papiernik réalisèrent la même opération à l'hôpital Antoine Béclère de Clamart en employant une hormone hypophysaire qui permettait de recueillir plusieurs ovules et de multiplier ainsi les chances de fécondation.

Ainsi vint au monde le premier bébé-éprouvette français, Amandine, une petite fille pesant 3,420 kg.

Depuis la naissance de Louise Brown, seuls deux enfants avaient été conçus hors du corps de leur mère : à Calcutta, en octobre 1978, et aux États-Unis, en 1981. Après cette quatrième expérience mondiale, le nombre de tentatives de FIV, *Fécondation in vitro*, augmenta sensiblement en Europe, chaque année, jusqu'en l'an 2000 : « Toutes les couches sociales peuvent en bénéficier, expliqua plus tard Claude Humeau, directeur du laboratoire de fécondation in vitro du CHU de Montpellier. Parfois, les patients considèrent cela comme un dû et nous reprochent d'avoir mal fait si cela ne marche pas. On ne voit plus arriver des couples avec dix, douze ans d'infécondité derrière eux. Les gens tardent moins à consulter, il n'y a plus de honte par rapport à cela. L'âge moyen des couples augmente régulièrement de 1 à 2 mois par an. Plus d'un tiers d'entre eux repartiront avec un enfant. Ils pourraient être beaucoup plus nombreux, mais au moins 20 % de ceux pour qui cela n'a pas marché ne reviennent pas après. »

Médecins et biologistes observèrent toutefois que 15 % seulement des tentatives réussissaient et que la FIV n'était pas encore une solution miracle pour les femmes stériles. Quant à Amadine, lorsqu'elle eut 25 ans, elle révéla qu'elle était à présent étudiante en sciences et déclara être « capable de prendre son histoire et son destin en main ».

22 septembre 1985

L'« Opération Satanique » contre Greenpeace

En juillet 1985, le navire-amiral de la flotte du mouvement écologiste Greenpeace devait quitter le port Waitemata d'Auckland, en Nouvelle-Zélande, afin de prendre la tête d'une expédition de protestation contre les essais nucléaires français en Polynésie. Le 10 juillet, avant même son départ, le navire fut sabordé par deux charges explosives successives. Le photographe portugais Fernando Pereira, membre de Greenpeace, périt noyé. Le reste de l'équipage parvint à se mettre à l'abri. Le 19, après la découverte d'un Zodiac en caoutchouc abandonné, la police néo-zélandaise procéda à l'arrestation de deux suspects, les « époux Turenge », prétendument touristes suisses, mais en fait agents de la DGSE, le contre-espionnage français : le capitaine Dominique Prieur et le chef de bataillon Alain Mafart, qui avaient été chargés de mener l'opération de sabotage et de transporter le matériel nécessaire à l'explosion dans un camping-car. À compter de ce jour, pendant tout l'été 1985, l'écheveau se dénoua à travers les révélations de la presse française, surprise du reste par la maladresse de l'opération. L'état-major français nia avoir donné des ordres. Le rapport falsifié remis le 26 août par le secrétaire général du Palais de l'Élysée Bernard Tricot abonda dans ce sens.

Le scandale de cette opération nommée « Opération Satanique », ne fut pas exploité politiquement, l'opposition ne pouvant toucher au prestige de l'armée.

Seul le remarquable travail d'information des médias, qui firent pression sur le gouvernement du Président François Mitterrand entraîna, le 20 septembre, la démission de Charles Hernu, ministre de la Défense. Laurent Fabius, Premier ministre, dans l'impossibilité de continuer à dissimuler la vérité, finit par reconnaître que des ordres avaient été donnés pour couler le Rainbow-Warrior. La France ayant admis son implication, les Nations unies conduisirent une médiation entre elle et la Nouvelle-Zélande. Le gouvernement français fut contraint de faire des excuses officielles au gouvernement néo-zélandais et de lui verser la somme de sept millions de dollars de dommages et intérêts, tandis que Greenpeace en recevait autant de sa part.

Quant aux faux époux Turenge, ils furent condamnés à dix ans d'emprisonnement par la justice néo-zélandaise et remis aux autorités militaires françaises au bout de deux ans.

En 1991, Alain Mafart fut fait chevalier dans l'ordre national du Mérite et, trois ans plus tard, promu colonel.

15 mai 1991

UNE FEMME À MATIGNON

Démissionnaire de sa fonction de Premier ministre le 15 mai 1991, Michel Rocard fut remplacé le même jour par Édith Cresson. Ancienne ministre des Affaires européennes, Édith Cresson fut la première femme de l'histoire de la République française à occuper Matignon. En la nommant, le président François Mitterrand surprenait le milieu politique, de droite comme de gauche, l'ex-ministre de Pierre Mauroy n'ayant jamais fait partie des figures les plus marquantes du parti socialiste. Dès son accession à la tête du gouvernement, elle bénéficia de la sympathie des médias, mais elle multiplia rapidement les déclarations maladroites à la presse française comme internationale.

Elle choqua notamment l'Angleterre par son homophobie : « La majorité des hommes des pays anglo-saxons sont homosexuels, dit-elle, peut-être pas la majorité, mais aux USA il y en a déjà 25 %, et au Royaume-Uni et en Allemagne c'est bien pareil. Vous ne pouvez pas imaginer ça dans l'histoire de France. Je considère qu'il s'agit d'une sorte de faiblesse. »

Elle assimila les Japonais à des « fourmis jaunes », lança à des journalistes : « la bourse, j'en ai rien à cirer ». Deux mois à peine après son arrivée à Matignon, l'impression défavorable des Français à son égard alla en augmentant, particulièrement à l'écoute des discours médiocres qu'elle prononçait à l'Assemblée nationale ou de ses explications embrouillées sur certaines de ses décisions annoncées un peu trop brutalement.

À la fin de l'été, elle atteignit le niveau d'impopularité le plus élevé de la Cinquième République. Bien qu'isolé au sein de son propre parti, Mitterrand refusa de désavouer son Premier ministre.

En moins de six mois, accumulant toujours les bévues, les faux pas, les erreurs de communication, Cresson perdit cependant tout crédit auprès des Français. La cinglante défaite de la gauche aux élections régionales de mars 1992 précipita son départ. Évincée par Mitterrand, elle fut remplacée le 2 avril 1992 par Pierre Bérégovoy.

17 août 1996

La première femme française dans l'espace

Le docteur Claudie André-Deshays fut sélectionnée comme spationaute par le Centre national d'études spatiales en 1985 parmi mille candidatures, dont cent féminines. Elle fut la première femme française dans l'espace. Le 17 août 1996, dans le cadre de la mission Cassiopée, elle entama un vol de seize jours à bord de la station orbitale russe Mir, en compagnie de deux cosmonautes russes, Youri Ousatchov et Youri Dnafrienko. Lors de sa mission, elle conduisit particulièrement des expériences en biologie, physiologie neurosensorielle et cardio-vasculaire : « Il faut reconnaître, expliqua-t-elle, que nous, femmes, sommes un peu désavantagées lorsqu'on doit sortir dans l'espace, car les scaphandres russes, lourds et encombrants, ne sont pas bien adaptés à la morphologie féminine. »

1er janvier 2000

Le passage à l'an 2000

À minuit, les ingénieurs furent rassurés. En effet, le fameux bug informatique relatif au format de la date dans les mémoires des ordinateurs, qui présa-

geait tant de dysfonctionnements, ne se produisit pas. Le passage à l'an 2000 se fit donc correctement. Le passage à l'an 2000 et non au XXIe siècle ! Contrairement à ce que la moyenne des Français avait cru comprendre, le 1er janvier 2000, en effet, ne fut pas le premier jour du XXIe siècle. Il allait falloir attendre un an pour changer de siècle et par là même de millénaire. Toujours est-il que les astrologues rappelèrent que 2000, selon Nostradamus, serait l'année de la fin du monde. 2000 de quel calendrier ? Pour les Juifs, cette année 2000 correspondait à l'année 5761. Pour les Musulmans, selon le calendrier hégirien, l'an 2000 était l'an 1378, tandis qu'en Inde, le calendrier Saka indiquait 1922.

En marge de la prédiction de Nostradamus, les inquiétudes concrètes des Français portaient surtout sur l'environnement et le problème de l'effet de serre, sur le passage à l'euro, prévu pour 2002, sur la propagation du virus du sida ou encore sur les statistiques du chômage. Fin février, le ministère du Travail indiqua d'ailleurs que le nombre de sans-emploi venait de passer sous la barre des 2,5 millions.

D'autres chiffres furent communiqués en avril, qui concernait la SNCF. Cette dernière annonça son premier bénéfice depuis 1990, à savoir 264 millions de francs. En politique, Valéry Giscard d'Estaing, au mois de mai, déposa une proposition de loi sur l'adoption d'un mandat présidentiel de 5 ans, que le président de la République Jacques Chirac proposa officiellement le 5 juin. Le même jour, à la Pitié-Salpêtrière, à Paris, eut lieu la première mondiale d'une implantation d'un cœur artificiel autonome muni d'une batterie.

Le mois de juillet fut marqué par une catastrophe aérienne. Le 25, deux minutes après son décollage de Roissy, un Concorde d'Air France s'écrasa sur un hôtel, faisant 113 morts.

Trois semaines plus tôt, la France avait remporté l'Euro 2000 de football face à l'Italie, tandis qu'à Saint-Nazaire, le *Millenium*, le plus gros paquebot jamais construit en France, était sorti des Chantiers de l'Atlantique.

Du même auteur

Petites Histoires insolites de l'Histoire de France

Saviez-vous que Louis XIV fut opéré d'une fistule en public ? Qu'un gendarme fut tué par la salve de tirs accueillant le retour des cendres de Napoléon à Paris ? Que le tableau *Le radeau de la Méduse* s'inspire d'un naufrage réel où les survivants se sont dévorés entre eux ? Qu'une bonne sœur, amoureuse de l'abbé qui se refusait à elle, a monté la conspiration des possédés de Loudun pour le faire condamner à mort ? Que le roi Charles VI a été sauvé des flammes par une femme qui jeta sur lui ses jupes ?

L'Histoire de France regorge de ces histoires éclairant les grands personnages et les grands événements sous un jour nouveau, plus intime et plus anecdotique.

Bien loin de l'Histoire « officielle », on découvre ici une chronique vivante, souvent étonnante. Un recueil où s'entrecroisent faits-divers, personnages secondaires, incidents étranges et anecdotes.

Les dessous étonnants de l'histoire de France.

ISBN : 978-2-35288-234-3

www.city-editions.com